Las ataduras

Carmen Martín Gaite

Las ataduras

Notas y prólogo de
Silvia Vega Ordóñez

Ernst Klett Sprachen
Stuttgart

1. Auflage   1 ⁵ ⁴ ³ ² | 2018 17 16 15

Alle Drucke dieser Auflage sind unverändert und können im Unterricht nebeneinander verwendet werden.
Die letzte Zahl bezeichnet das Jahr des Druckes. Das Werk und seine Teile sind urheberrechtlich geschützt. Jede Nutzung in anderen als den gesetzlich zugelassenen Fällen bedarf der vorherigen schriftlichen Einwilligung des Verlags. Hinweis zu § 52 a UrhG: Weder das Werk noch seine Teile dürfen ohne eine solche Einwilligung eingescannt und in ein Netzwerk eingestellt werden. Dies gilt auch für Intranets von Schulen und sonstigen Bildungseinrichtungen. Fotomechanische oder andere Wiedergabeverfahren nur mit Genehmigung des Verlags.

© Herederos de Carmen Martín Gaite, 2011
© Ediciones Siruela, Madrid, 2010
© Ernst Klett Sprachen GmbH, Stuttgart 2014.
Alle Rechte vorbehalten
Internetadresse: www.klett-sprachen.de

Redaktion: Marcelo Rodríguez
Layoutkonzeption: Elmar Feuerbach
Gestaltung und Satz: Satzkasten, Stuttgart
Umschlaggestaltung: Sandra Vrabec
Titelbild: Fotolia.com (karandaev), New York
Text pág. 68f.: EFE/lafototeca.com (JULIAN MARTIN), Madrid
Druck und Bindung: AZ Druck und Datentechnik GmbH, Kempten
Printed in Germany

ISBN 978-3-12-535618-4

Índice

Prólogo 7

Las ataduras 11

La autora y su obra 68

Abreviaturas y símbolos 70

Prólogo

A Carmen Martín Gaite la pasión por la literatura le llega temprano. La propia escritora confesó que ya, a los ocho años, había empezado a escribir. Pero tendría que pasar mucho tiempo más antes de que su primer cuento se publicara. A partir de este primer paso, esta doctora en Filosofía y Letras inicia una carrera llena de éxitos y prestigiosos premios literarios como el *Café Gijón* o el Premio *Nadal* entre muchos otros, llegando a ser una de las personas más y mejor premiadas del mundo de las letras hispánicas.

Habría que esperar hasta 1960 para que su obra *Las ataduras* viera la luz. La historia de Alina nos hace recorrer lugares tan lejanos y dispares como América, París y Galicia. San Lorenzo de Piñor, cerca de la frontera con Portugal, donde la autora veraneaba, es el lugar donde arranca y crece la narración. Es aquí donde transcurre la infancia de la protagonista y sus ataduras a la familia y a la tierra. Alina quiere salir, quiere ser libre, quizá es como su abuelo que emigró a América y añora el mundo que ahora solo está en su recuerdo. No es fácil para ella tomar su propio camino sin decepcionar a sus padres, sobre todo al maestro, su padre, que había puesto tantas esperanzas en Alina sin pensar, ni siquiera un momento, que ella tenía sus propias ilusiones.

El acertado uso de los paralelismos en el cuento es patente. Ambos protagonistas, padre e hija, buscan la soledad en las escenas; en la primera *escena* el padre expresa su frustración ante la situación de Alina, y en la segunda *escena* Alina expresa la suya. Del mismo modo, el uso narrativo del tiempo en "flashback" hace que el lector descubra poco a poco el porqué de la relación que los *des*une. Además del conflicto paternofilial, Gaite trata otros temas como el choque de culturas, la curiosidad, la decepción, el miedo a la muerte en contraposición a las ganas de vivir de la protagonista, entre muchos otros que, a pesar de estar en un segundo plano, refuerzan y dan vida conscientemente a la historia.

Las expectativas de los otros es una carga demasiado pesada de llevar. ¿Somos realmente dueños de nuestro destino? Vivir una vida libre y propia sin las ataduras de quienes la rodean y piensan que les pertenece es un deseo no siempre fácil de alcanzar. De alguna manera todos los personajes se sienten atados entre sí, obligados a vivir sujetos a algo o a alguien. Alina se siente atada a su padre e incluso a su marido Philippe, que la ha llevado fuera de su mundo, a otro más deslumbrante e inquietante como es París. Tan solo la madre, es, en su actitud callada y conciliadora, la única que desea que su hija encuentre su propio camino y lo acepta aunque ello le cause dolor. Es la única persona en la obra que vive en la realidad, no sueña ni su vida ni la de los otros. Ella observa y acepta respetando las decisiones de su hija aunque no las comparta. ¿Buscan realmente los personajes una liberación o simplemente aceptar el destino que les ha tocado?

Llama especialmente la atención el papel de la naturaleza como puente entre culturas y pensamientos. Gracias a la alegoría de los ríos, Alina se siente en París cerca de su tierra. La une su cauce que siempre la ha fascinado y que hace que se unan ambos mundos a través de sus aguas. La corriente se mueve como sus sueños y sus recuerdos. Pero es en el paisaje gallego, tan cercano a la autora, donde Alina encuentra las alas para volar y huir de su destino. La protagonista no se ha sentido nunca tan libre como entre los montes de su pueblo y mirando las aguas del río Miño. Y es el río el que une los tiempos de la historia: el tiempo corre, las aguas son libres y al mismo tiempo son capaces de unir pasado y presente. Alina mira las aguas grises del Sena mientras recuerda y el padre observa al mismo tiempo las aguas del Miño que también se han teñido de ese color. Ambos son una unidad inseparable.

La mujer que nos muestra la escritora en *Las ataduras* es una mujer que quiere aprender, tiene curiosidad y sabe superarse aunque su camino se desvíe de lo socialmente correcto. Pero sobre todo es una mujer luchadora, que sabe lo que es el sufrimiento y cuyo pilar fundamental es la familia.

Carmen Martín Gaite es capaz de hacer un retrato de la sociedad española de los años sesenta con gran maestría. Las costumbres, tradiciones y salvajismos españoles, según el marido de la protagonista, se aprecian a lo largo de la infancia de Alina con sus fiestas, destino de las y los jóvenes (casarse y emigrar) y la vida en un pequeño pueblo. La escritora narra no solo con un lenguaje sencillo, coloquial, cercano y muy real sino que también tiene la destreza de transmitir los sentimientos de sus figuras literarias a través de sus muy bien empleados silencios. *Las ataduras*, es con todo, una obra que llega al lector y le hace compartir con los personajes la búsqueda de sí mismos.

Silvia Vega Ordóñez

Las ataduras

---

1 **una atadura** *fig* uc que sujeta y no deja libre (Bindung, Fessel)

—No puedo dormir, no puedo. Da la luz, Herminia —dijo el viejo maestro, saltando sobre los muelles de la cama.

Ella se dio la vuelta hacia el otro lado, y se cubrió con las ropas revueltas.

—Benjamín, me estás destapando —protestó—. ¿Qué te pasa?, ¿no te has dormido todavía?

—¿Qué quieres que me pase? Ya lo sabes, ¿es que no lo sabes? ¡Quién se puede dormir! Sólo tú que pareces de corcho.

—No vuelvas a empezar ahora, por Dios —dijo la voz soñolienta de la mujer—. Procura dormir, hombre, déjame, estoy cansada del viaje.

—Y yo también. Eso es lo que tengo atragantado, eso. Ese viaje inútil y maldito, me cago en Satanás; que si se pudieran hacer las cosas dos veces…

—Si se pudieran hacer dos veces, ¿qué?

—Que no iría, que me moriría sin volverla a ver, total para el espectáculo que hemos visto; que irías tú si te daba la gana, eso es lo que te digo.

—Sí, ya me he enterado; te lo he oído ayer no sé cuántas veces. ¿Y qué? Ya sabes que a mí me da la gana y que iré siempre que ella me llame. También te lo he dicho ayer. Creí que no querías darle más vueltas al asunto.

—No quería. ¿Y qué adelanto con no querer? Me rebulle. Tengo sangre en las venas y me vuelve a rebullir; me estará rebullendo siempre que me acuerde.

—Vaya todo por Dios.

—Da la luz, te digo.

---

2 **un muelle** pieza elástica de metal que recobra su posición natural (Sprungfeder) – 4 **revuelto** desordenado – 5 **destaparse** descubrirse, quitarse *p ej* una manta de encima – 8 **parecer de corcho** no tener sentimientos – 8 **el corcho** Kork – 10 **soñoliento** cansado, con sueño – 10 **procurar** *hacer uc* intentar – 12 **tener atragantada uc o up** *coloq* causar fastidio o molestia – 13 **maldito** verdammt – 13 **me cago en Satanás** *interj vulg* cuando uc no sale como se espera – 19 **enterarse** *irón* oír, darse cuenta de uc – 22 **darle vueltas a uc** pensar mucho en uc – 23 **adelantar** *aquí:* conseguir, ganar – 23 **rebullir** *fig* agitar, remover (brodeln)

La mujer alargó una muñeca huesuda y buscó a tientas la pera de la luz. Los ojos del viejo maestro, foscos, esforzados de taladrar la oscuridad, parpadearon un instante escapando de los de ella que le buscaron indagadores, al resplandor que
5 se descolgó sobre la estancia. Se sentó en la cama y la mujer le imitó a medias, con un suspiro. Asomaron las dos figuras por encima de la barandilla que había a los pies, a reflejarse enfrente, en la luna del armario. Toda la habitación nadaba con ellos, zozobraba, se torcía, dentro de aquel espejo de
10 mala calidad, sucio de dedos y de moscas. Se vio él. Miró en el espejo, bajo la alta bombilla solitaria, el halo de sus propios pelos canosos alborotados, el bulto de la mujer, apenas surgido para acompañarle, el perfil de tantos objetos descabalados, ignorados de puro vistos, de tantas esquinas limadas por
15 el uso, y se tapó los ojos. Dentro de ellos estalló un fuego colorado. Alina, niña, se sacudía el cabello mojado, riendo, y dejaba las frazadas de leña en la cocina, allí, a dos pasos; su risa trepaba con el fuego. Ahora un rojo de chispas de cerezas: Alina, en la copa de un cerezo del huerto, le contaba cuentos al
20 niño del vaquero. Ahora un rojo de sol y de mariposas; ahora un rojo de vino.

La mujer se volvió a hundir en la cama.

—Herminia, ¿qué hora es?

—Las seis y cuarto. Anda, duérmete un poco. ¿Apagamos la
25 luz?

---

1 **la muñeca** *de la mano* Handgelenk – 1 **huesudo** muy delgado – 1 **a tientas** *loc* con la mano y sin ver nada – 2 **una pera** *Esp* interruptor (Schalter) con la forma de esta fruta – 2 **fosco** poco amable – 3 **taladrar** *fig* traspasar, penetrar – 3 **parpadear** abrir y cerrar los ojos – 4 **indagador** que busca conocer uc ignorada – 4 **un resplandor** luz muy clara del sol – 6 **asomar** sobresalir por encima de uc – 7 **una barandilla** *aquí:* parte final de una cama – 8 **una luna** *aquí:* espejo alargado – 9 **zozobrar** moverse uc con fuerza *p ej* por el viento – 9 **torcerse** doblarse, desfigurarse – 11 **un halo** aureola, círculo de luz detrás de la cabeza – 12 **alborotado** desordenado – 12 **un bulto** cuerpo cuyas partes no se reconocen – 12 **surgido** salido hacia arriba – 13 **descalabrado** dañado, roto – 14 **limado** abgeschliffen – 15 **estallar** explotar – 16 **sacudirse** mover o golpear uc con fuerza – 17 **una frazada de leña** *aquí:* cantidad de madera que se puede llevar en los brazos – 17 **trepar** subir, ascender – 18 **una chispa** Funke – 19 **una copa** *de árbol* punta, parte más alta – 19 **un/a huerto/a** terreno para plantar verduras – 20 **un vaquero** up que tiene y/o cuida vacas – 22 **hundirse** meterse más dentro, *aquí:* taparse

Por toda contestación, el maestro echó los pies afuera y se puso a vestirse lentamente. Luego abrió las maderas de la ventana. Se cernía ya sobre el jardín una claridad tenue que a él le permitía reconocer los sitios como si los palpara. Cantó un gallo al otro lado de la carretera.

—Tan a gusto como podían vivir aquí esos niños —masculló con una voz repentinamente floja—. Tantas cosas como yo les podría enseñar, y las que ellos verían, maldita sea.
—Pero ¿qué dices, Benjamín? No vuelvas otra vez…
—No vuelvo, no; no vuelvo. Pero dímelo tú cómo van a prosperar en aquel cuartucho oliendo a tabaco y a pintura. Ya; ya te dejo en paz. Apaga si quieres.

Ella le había seguido con los ojos desde que se levantó. Ahora le vio separarse de la ventana, cerrar las maderas y coger su chaqueta, colgada en una silla. Le hizo volverse en la puerta.
—¿Adónde vas?
—Por ahí, qué más da. Donde sea. No puedo estar en la cama.

Ya en el pasillo, no escuchó lo que ella contestaba, aunque distinguió que era el tono de hacerle alguna advertencia. Tuvo un bostezo que le dio frío. La casa estaba inhóspita a aquellas horas; se le sentían los huesos, crujía. Y el cuerpo la buscaba, sin embargo, para abrigarse en alguna cosa.

Entró en la cocina: ni restos del fuego rojo que había llenado sus ojos cerrados unos minutos antes. Pasó la mirada por los estantes recogidos. Todo gris, estático. El tictac del despertador salía al jardín por la ventana abierta. Sacó agua de la cántara con un cacillo y la bebió directamente. Se sentó en el escaño de

---

3 **cernirse** observarse, verse – 3 **tenue** suave – 4 **palpar** tocar con la mano – 6 **mascullar** *coloq* hablar entre dientes – 7 **flojo** sin fuerza – 8 **madita sea** *loc interj coloq* expresa enfado – 11 **un cuartucho** *despect* cuarto, vivienda pequeña o pobre – 17 **qué más da** *loc* es igual, no importa – 20 **distinguir** diferenciar, oír, darse cuenta – 21 **un bostezo** acción de abrir la boca por sueño – 21 **inhóspito** incómodo, poco confortable – 22 **crujir** hacer ruido al romper o partir uc *p ej* una barra de pan – 27 **una cántara** jarro (Krug) – 28 **un cacillo** cucharón – 28 **un escaño** banco de madera con *respaldo* (Rückenlehne)

madera, hizo un pitillo. Allí estaba la escopeta, en el rincón de siempre. Fumó, mirando al suelo, con la frente en las manos. Después de aquel cigarro, otros dos.

Eran ya las siete cuando salió a la balconada de atrás, colgada sobre un techo de avellanos, con el retrete en una esquina, y bajó la escalerilla que daba al jardín. Era jardín y huerta, pequeño, sin lindes. Las hortensias y las dalias crecían a dos pasos de las hortalizas, y solamente había un paseo de arena medianamente organizado, justamente bajo la balconada, a la sombra de los avellanos. Lo demás eran pequeños caminillos sin orden ni concierto que zurcían los trozos de cultivos y flores. Más atrás de todo esto, había un prado donde estaban los árboles. Ciruelos, perales, manzanos, cerezos y una higuera, en medio de todos.

El maestro cruzó el corro de los árboles y por la puerta de atrás salió del huerto al camino. La puerta de la casa daba a la carretera, ésta a un camino que se alejaba del pueblo. A los pocos pasos se volvió a mirar. Asomaba el tejado con su chimenea sin humo, bajo el primer albor de un cielo neutro donde la luna se transparentaba rígida, ya de retirada. Le pareció un dibujo todo el jardín y mentira la casa; desparejada, como si no fuera hermana de las otras del pueblo. Las otras estaban vivas y ésta era la casa de un guiñol, de tarlatana y cartón piedra. Y Herminia, pobre Herminia, su única compañera marioneta. Con la mano en el aire le reñía, le quería dar ánimos, llevarle a rastras, pero sólo conseguía enhebrar largos razonamientos de marioneta.

---

1 **un pitillo** cigarrillo – 1 **una escopeta** arma de fuego normalmente para la *caza* (Jagd) – 5 **un avellano** Haselbusch – 5 **un retrete** WC – 7 **una linde** límite o frontera de uc – 8 **una hortaliza** verdura – 11 **zurcir** *fig aquí:* unir, poner en contacto – 11 **un cultivo** terreno plantado – 12 **un prado** campo – 13 **una higuera** Feigenbaum – 15 **un corro** círculo – 19 **el albor** madrugada, primeras horas del día – 20 **de retirada** de regreso, de vuelta – 21 **desparejado** solo, sin pareja – 23 **un guiñol** Kasperletheater – 23 **la tartalana** tejido fino de algodón – 24 **el cartón piedra** masa de papel para hacer figuras (Papiermaché) – 25 **reñir** (e → i) regañar (ausschimpfen) – 26 **dar ánimos a up** motivar – 26 **llevar a rastras a uc** *loc* tirar de uc a la fuerza *aquí:* obligar – 27 **enhebrar** einfädeln

«Hoy tampoco ha venido carta. No nos va a escribir siempre, Benjamín.»

«Hay que dejar a cada cual su vida. Lo que es joven, rompe para adelante.»

«No estés callado, Benjamín.»

«¿Por qué no vas de caza?»

«No ha escrito, no. Mañana, a lo mejor. A veces se pierden cartas.»

Y en invierno llueve. Y las noches son largas. Y las marionetas despintadas se miran con asombro.

«Ella, Benjamín, no era para morirse entre estas cuatro paredes.»

Dio la vuelta y siguió camino abajo. Ya iba a salir el sol. A la derecha, un muro de piedras desiguales, cubierto de musgo y zarzamoras, separaba el camino de unos cultivos de viña. Más adelante, cuando se acababa este muro, el camino se bifurcaba y había una cruz de piedra en el cruce. No se detuvo. Uno de los ramales llevaba a la iglesia, que ya se divisaba detrás de un corro de eucaliptos; pero él tomó el otro, una encañada del ancho exacto de un carro de bueyes y que tenía los rodales de este pasaje señalados muy hondo en los extremos del suelo. Oyó que le llamaban, a la espalda, y se volvió. A los pocos metros, cerca del cruce, distinguió al cura que subía, montado en su burro, hacia el camino de la otra parroquia.

—Benjamín —había llamado, primero no muy fuerte, entornando los ojos viejos, como para asegurarse.

Y luego detuvo el burro y ya más firme, con alegría:

—Benjamín, pero claro que es él. Benjamín, hombre, venga acá. Mira que tan pronto de vuelta.

---

3 **cual** *aquí:* uno, persona – 3 **romper** *aquí:* traspasar un límite – 10 **despintado** con poco color (por el tiempo) – 14 **el musgo** Moos – 15 **una zarzamora** Brombeerstrauch – 16 **bifurcarse** dividirse, separarse en dos – 18 **un ramal** camino que sale del camino principal – 18 **divisarse** verse a lo lejos – 19 **una encañada** camino normalmente para animales – 20 **un buey** Ochse – 20 **un rodal** *aquí:* marca de la *rueda* (Rad) – 21 **hondo** profundo – 24 **una parroquia** iglesia – 26 **entornar los ojos** cerrarlos casi completamente

El maestro no se acercó. Le contestó apagadamente sin disminuir la distancia:

—Buenos días, don Félix. Voy deprisa.

El burro dio unos pasos hacia él.

5 —Vaya, hombre, con la prisa. Temprano saltan los quehaceres. Cuénteme, por lo menos, cuándo han llegado.

—Ayer tarde, ya tarde.

—¿Y qué tal? ¿Es muy grande París?

—Muy grande, sí señor. Demasiado.

10 —Vamos, vamos. Tengo que ir una tarde por su casa, para que me cuente cosas de la chica.

—Cuando quiera.

—Porque como esté esperando a que usted venga por la iglesia…

15 Se había acercado y hablaba mirando la cabeza inclinada del maestro, que estaba desenterrando una piedra del suelo, mientras le escuchaba. Salió un ciempiés de debajo, lo vieron los dos escapar culebreando. A Alina no le daba miedo de los ciempiés, ni cuando era muy niña. De ningún bicho tenía 20 miedo.

—¿Y cómo la han encontrado, a la chica?

—Bien, don Félix, muy bien está.

—Se habrá alegrado mucho de verles, después de tanto tiempo.

25 —Ya ve usted.

—Vaya, vaya… ¿Y por fin no se han traído a ningún nietecito?

—No señor, el padre no quiere separarse de ellos.

—Claro, claro. Ni Adelaida tampoco querrá. Maja chica 30 Alina. Así es la vida. Parece que la estoy viendo correr por aquí. Cómo pasa el tiempo. En fin… ¿Se acuerda usted de cuando recitó los versos a la Virgen, subida ahí en el muro, el día de la

---

5 **saltar** *aquí:* aparecer, venir, llegar – 6 **un quehacer** tarea, trabajo – 15 **inclinado** *aquí:* hacia abajo – 16 **desenterrar** sacar de la tierra – 17 **un ciempiés** Tausendfüßler – 18 **culebrear** moverse haciendo eses, de un lado a otro – 19 **un bicho** *despect* animal – 32 **la Virgen** Jungfrau Maria

procesión de las Nieves? No tendría ni ocho años. ¡Y qué bien los decía!, ¿se acuerda usted?

—Ya lo creo, sí señor.

—Le daría usted mis recuerdos, los recuerdos del cura viejo.

—Sí, Herminia se los dio, me parece.

—Bueno, pues bienvenidos. No le entretengo más, que también a mí se me hace tarde para la misa. Dígale a Herminia que ya pasaré, a ver si ella me cuenta más cosas que usted.

—Adiós, don Félix.

Se separaron. La encañada seguía hacia abajo, pero se abría a la derecha en un repecho, suave al principio, más abrupto luego, resbaladizo de agujas de pino. Llegado allí, el maestro se puso a subir la cuesta despacio, dejando el pueblo atrás. No volvió la vista. Ya sentía el sol a sus espaldas. Cuanto más arriba, más se espesaba el monte de pinos y empezaban a aparecer rocas muy grandes, por encima de las cuales a veces tenía que saltar para no dar demasiado rodeo. Miró hacia la cumbre, en línea recta. Todavía le faltaba mucho. Trepaba deprisa, arañándose el pantalón con los tojos, con las carquejas secas. Pero se desprendía rabiosamente y continuaba. No hacía caso del sudor que empezaba a sentir, ni de los resbalones, cada vez más frecuentes.

—Alina —murmuró, jadeando—, Alina. Le caían lágrimas por la cara.

—Alina, ¿qué te pasa?, me estás destapando. ¿No te has dormido todavía? ¿Adónde vas?

—A abrir la ventana.

---

1 **La procesión** *de la virgen* **de las Nieves** se celebra el 5 de agosto en muchos lugares de España, Italia y Latinoamérica – 11 **un repecho** *cuesta* (Abhang) corta – 12 **resbaladizo** que hace perder el equilibrio (schlüpfrig) – 12 **una aguja** hojas estrechas y largas (Nadel) – 12 **un pino** Kiefer – 15 **espesarse** hacerse más compacto – 15 **el monte** tierra elevada sin cultivos con *matorrales* (Gebüsch) y árboles – 16 **una roca** piedra muy grande – 17 **dar un rodeo** ir por el camino más largo – 17 **una cumbre** cima, parte más alta de una montaña o monte – 19 **arañarse** herir o romper ligeramente uc – 19 **un tojo** Ginster – 19 **una carqueja** tipo de *arbusto* (Busch) – 20 **desprenderse** *soltarse* (befreien), liberarse – 20 **rabioso** enfadado, violento, rápido – 20 **hacer caso de uc** prestar atención – 21 **el sudor** agua que pierde el cuerpo con el calor – 21 **un resbalón** caída al perder el equilibrio – 23 **jadear** respirar con dificultad por un esfuerzo

—Pero ¿no te has levantado antes a cerrarla? Te has levantado, me parece.

—Sí, me he levantado, ¿y qué?, no estés tan pendiente de mí.

—¿Cómo quieres que no esté pendiente si no me dejas dormir? Para quieta; ¿por qué cerrabas antes la ventana?

—Porque tosió Santiago. ¿No le oyes toda la noche? Tose mucho.

—Entonces no la abras otra vez, déjala.

La ventana da sobre un patio pequeño. Una luz indecisa de amanecer baja del alto rectángulo de cielo. Alina saca la cabeza a mirar; trepan sus ojos ansiosos por los estrados de ropa colgada —camisetas, sábanas, jerseys, que se balancean, a distintas alturas—, y respira al hallar arriba aquel claror primero. Es un trozo pequeño del cielo que se empieza a encender sobre París esa mañana, y a lo mejor ella sola lo está mirando.

—Pero, Adelaida, cierra ahí. ¿No has dicho que Santiago tose? No se te entiende. Ven acá.

—Me duele la cabeza, si está cerrado. Déjame un poco respirar, Philippe, duérmete. Yo no tengo sueño. Estoy nerviosa.

—Te digo que vengas acá.

—No quiero —dice ella, sin volverse—. Déjame.

Por toda respuesta, Philippe se incorpora y da una luz pequeña. En la habitación hay dos cunas, una pequeñísima, al lado de la cama de ellos, y otra más grande, medio oculta por un biombo. El niño que duerme en esta cuna se ha revuelto y tose. Alina cierra la ventana.

—Apaga —dice con voz dura.

La luz sigue encendida.

—¿Es que no me has oído, estúpido? —estalla, furiosa, acercándose al interruptor.

---

3 **estar pendiente de uc o up** prestar mucha atención – 5 **¡para quieta!** *interj* ¡Deja de moverte! – 11 **un estrado** *aquí:* cuerdas para colgar la ropa – 13 **hallar** encontrar – 13 **un claro** claridad, replandor – 24 **incorporarse** levantarse – 25 **una cuna** cama de bebé – 26 **oculto** tapado, *escondido* (versteckt) – 27 **un biombo** Wandschirm – 27 **revolverse** moverse inquieto

Pero las manos de él la agarran fuertemente por las muñecas. Se encuentran los ojos de los dos.

—Quita, bruto. Que apagues, te he dicho. El niño está medio despierto.

—Quiero saber lo que te pasa. Lo que te rebulle en la cabeza para no dejarte dormir.

—Nada, déjame. Me preocupa el niño; eso es todo. Y que no puedo soportar el olor de pintura.

—No, eso no es todo, Alina. Te conozco. Estás buscando que riñamos. Igual que ayer.

—Cállate.

—Y hoy si quieres riña, vas a tener riña, ¿lo oyes? No va a ser como ayer. Vamos a hablar de todo lo que te estás tragando, o vas a cambiar de cara, que ya no te puedo ver con ese gesto.

Ella se suelta, sin contestar, y se acerca a la cuna del niño, que ahora lloriquea un poco. Le pone a hacer pis y le da agua. Le arregla las ropas. A un gesto suyo, Philippe apaga la luz. Luego la siente él cómo coge a tientas una bata y abre la puerta que da al estudio.

—¿Qué vas a buscar? ¡Alina! —llama con voz contenida.

Alina cierra la puerta detrás de sí y da la luz del estudio. Es una habitación algo mayor que la otra y mucho más revuelta. Las dos componen toda la casa. Sobre una mesa grande, cubierta de hule amarillo, se ven cacharros y copas sin fregar, y también botes con pinceles. Junto a la mesa hay un caballete y, en un ángulo, una cocina empotrada tapada por cortinas. Alina ha ido allí a beber un poco de leche fría, y se queda de pie, mirándolo todo con ojos inertes. Por todas partes están los cuadros de Philippe. Colgados, apilados, vueltos de espalda, puestos a orear. Mira los dos divanes donde han dormido sus

---

12 **una riña** discusión (→ reñir) – 13 **tragar** schlucken – 14 **un gesto** *aquí:* Grimasse – 16 **lloriquear** llorar débilmente y sin motivo – 17 **arreglar** poner en orden, *aquí:* vestir – 18 **una bata** abrigo delgado para estar en casa – 24 **un hule** mantel de material impermeable – 24 **un cacharro** recipiente de cocina *p ej* olla – 24 **fregar** lavar, limpiar – 25 **un bote** lata o caja – 25 **un caballete** Staffelei – 26 **empotrado** metido dentro de la pared – 28 **inerte** quieto, sin movimiento – 29 **apilado** que está uno encima de otro – 30 **orear** poner a secar uc

padres y se va a tender en uno de ellos. Apura el vaso de leche, lo deja en el suelo. Luego enciende un pitillo.

En el caballete hay un lienzo a medio terminar. Una oleada de remiendos grises, brochazos amarillentos, agujas negras.

Philippe ha aparecido en la puerta del estudio.

—Alina, ¿no oyes que te estoy llamando? Ven a la cama.

—Por favor, déjame en paz. Te he dicho que no tengo sueño, que no quiero.

—Pero aquí huele mucho más a pintura. ¿No dices que es eso lo que te pone nerviosa?

—Tú me pones nerviosa, ¡tú!, tenerte que dar cuenta y explicaciones de mi humor a cada momento, no poderme escapar a estar sola ni cinco minutos. Señor. ¡Cinco minutos de paz en todo el día…! A ver si ni siquiera voy a poder tener insomnio, vamos…, y nervios por lo que sea; es que es el colmo. ¡¡¡Ni un pitillo!!! ¡Ni el tiempo de un pitillo sin tenerte delante!

Ha ido subiendo el tono de voz, y ahora le tiembla de excitación. Él se acerca.

—No hables tan alto. Te estás volviendo una histérica. Decías que estabas deseando que se fueran tus padres porque te ponían nerviosa, y ahora que se han ido es mucho peor.

—Mira, Philippe, déjame. Es mejor que me dejes en paz.

—No te dejo. Tenemos que hablar. Antes de venir tus padres no estabas así nunca. Antes de venir ellos…

Alina se pone de pie bruscamente.

—¡Mis padres no tienen nada que ver! —dice casi gritando—. Tú no tienes que hablar de ellos para nada, no tienes ni que nombrarlos, ¿lo oyes? Lo que pase o no pase por causa de mis padres, sólo me importa a mí.

—No creo eso; nos importa a los dos. Ven, siéntate.

---

1 **tenderse** echarse, acostarse – 1 **apurar** terminar de beber, vaciar – 3 **un lienzo** tela para pintar (Leinwand) – 3 **una oleada** gran cantidad de uc (→ ola) – 4 **un remiendo** parche (Flicken) *aquí:* mancha de pintura – 4 **un brochazo** marca de un pincel ancho a lo largo de un lienzo – 5 **aparecer** dejarse ver, entrar – 11 **dar cuenta de uc a up** informar – 14 **ni siquiera** nicht einmal – 15 **el insomnio** falta de sueño – 15 **ser uc el colmo** *loc coloq* ser uc intolerable, increíble – 18 **temblar** zittern

—No tienes ni que nombrarlos —sigue ella tercamente, paseando por la habitación—, eso es lo que te digo. Tú ni lo hueles lo que son mis padres, ni te molestas en saberlo. Más vale que no los mezcles en nada, después de lo que has sido con ellos estos días; mejor será así, si quieres que estemos en paz.

—¡Yo no quiero que estemos en paz! ¿Cuándo he querido, Alina? Tú te empeñas en tener siempre paz a la fuerza. Pero cuando hay tormenta, tiene que estallar, y si no estalla es mucho peor. Dilo ya todo lo que andas escondiendo, en vez de callarte y amargarte a solas. ¿Por qué me dices que no te pasa nada? Suelta ya lo que sea. Ven.

Alina viene otra vez a sentarse en el sofá, pero se queda callada, mirándose las uñas. Hay una pausa. Los dos esperan.

—Qué difícil eres, mujer —dice él por fin—. Cuántas vueltas le das a todo. Cuando se fueron tus padres, dijiste que te habías quedado tranquila. Recuérdalo.

—Claro que lo dije. No hay nervios que puedan aguantar una semana así. ¿Es que no has visto lo desplazados que estaban, por Dios? ¿Vas a negar que no hacías el menor esfuerzo por la convivencia con ellos? Los tenías en casa como a animales molestos, era imposible de todo punto vivir así. ¡Claro que estaba deseando que se fueran!

—Adelaida, yo lo sabía que iba a pasar eso, y no sólo por mi culpa. Te lo dije que vinieran a un hotel, hubiera sido más lógico. Ellos y nosotros no tenemos nada que ver. Es otro mundo el suyo. Chocaban con todo, como es natural. Con nuestro horario, con la casa, con los amigos. No lo podíamos cambiar todo durante una semana. Yo les cedí mi estudio; no eres justa quejándote sólo de mí. La hostilidad la ponían

---

1 **terco** obstinado, que no cambia de idea – 3 **hueles** → oler – 4 **mezclarse** inmiscuirse (s. einmischen) – 5 **estar en paz con up** ≠ discutir – 8 **empeñarse en uc** insistir – 10 **esconder** no dejar ver uc – 11 **amargarse por uc** sufrir, pasarlo mal – 14 **una uña** Fingernagel – 18 **aguantar** soportar, resistir – 19 **desplazado** fuera de lugar – 21 **la convivencia** vida común entre personas – 27 **chocar** extrañarse, parecer raro – 29 **ceder** prestar, dejar uc a up – 30 **la hostilidad** oposición, enemistad, ≠ simpatía

ellos también, tu padre sobre todo. ¡Cómo me miraba! Está sin civilizar tu padre, Alina. Tú misma lo has dicho muchas veces; has dicho que se le había agriado el carácter desde que te fuiste a estudiar a la Universidad, que tenía celos de toda la gente que conocías, que al volver al pueblo te hacía la vida imposible. Y acuérdate de nuestro noviazgo.

Alina escucha sin alzar los ojos. Sobre las manos inmóviles le han empezado a caer lágrimas. Sacude la cabeza, como ahuyentando un recuerdo molesto.

—Deja las historias viejas —dice—. Qué importa eso ahora. Ellos han venido. Te habían conocido de refilón cuando la boda, y ahora vienen, después de tres años, a vernos otra vez, y a ver a los niños. ¿No podías haberlo hecho todo menos duro? Ellos son viejos. A ti el despego de mi padre no te daña, porque no te quita nada ya. Pero tú a mi padre se lo has quitado todo. Eras tú quien se tenía que esforzar, para que no se fueran como se han ido.

—Pero ¿cómo se han ido? Parece que ha ocurrido una tragedia, o que les he insultado. ¿En qué he sido despegado yo, distinto de como soy con los demás? Sabes que a nadie trato con un cuidado especial, no puedo. ¿En qué he sido despegado? ¿Cuándo? ¿Qué tendría que haber hecho?

—Nada, déjalo, es lo mismo.

—No, no es lo mismo. Aprende a hablar con orden. A ver: ¿cuándo he sido yo despegado?

—No sé; ya en la estación, cuando llegaron; y luego, con lo de los niños, y siempre.

—Pero no amontones las cosas, mujer. En la estación, ¿no empezaron ellos a llorar, como si estuvieras muerta, y a mí ni me miraban? ¿No se pusieron a decir que ni te conocían de tan

---

1 **estar sin civilizar** ≠ saber comportarse – 3 **agriarse el carácter** a up volverse malhumorado – 4 **los celos** *pl* Eifersucht – 6 **noviazgo** tiempo de pareja antes de casarse (→ novio) – 7 **alzar** levantar – 9 **ahuyentar** alejar, hacer huir – 11 **de refilón** de paso, ≠ profundamente – 14 **el despego** falta de afecto o interés – 14 **dañar** hacer mal o daño – 15 **quitar** coger uc que no es suya (wegnehmen) – 28 **amontonar** reunir uc sin mucho orden (→ montón)

desmejorada, que cómo podías haberte llegado a poner así? Tú misma te enfadaste, acuérdate. ¿No te acuerdas? Di.

—Pero si es lo mismo, Philippe —dice ella con voz cansada—. Anda, vete a acostar. No se trata de los hechos, sino 5 de entender y sentir la postura de mis padres, o no entenderla. Tú no lo entiendes, qué le vas a hacer. Estaríamos hablando hasta mañana.

—¿Y qué?

—Que no quiero, que no merece la pena.

10 Se levanta y va a dejar el vaso en el fregadero. Philippe la sigue.

—¿Cómo que no merece la pena? Claro que la merece. ¿Crees que me voy a pasar toda la vida sufriendo tus misterios? Ahora ya te vuelves a aislar, a sentirte incomprendida, y me dejas 15 aparte. Pero ¿por qué sufres tú exactamente?, que yo lo quiero saber. Tú te pasas perfectamente sin tus padres, has sentido alivio, como yo, cuando se han ido… ¿no?

—¡Por Dios, déjame!

—No, no te dejo, haz un esfuerzo por explicarte, no seas tan 20 complicada. Ahora quiero que hablemos de este asunto.

—¡Pues yo no!

—¡Pues yo sí…! Quiero que quede agotado de una vez para siempre, que no lo tengamos que volver a tocar. ¿Me oyes? Mírame cuando te hablo. Ven, no te escapes de lo que te 25 pregunto.

Alina se echa a llorar con sollozos convulsos.

—¡¡¡Déjame!!! —dice, chillando—. No sé explicarte nada, déjame en paz. Estoy nerviosa de estos días. Se me pasará. Ahora todavía no puedo reaccionar. Mis padres se han ido

---

1 **desmejorado** con peor aspecto físico que normalmente – 5 **una postura** posición, actitud u opinión sobre uc – 9 **merecer la pena** *loc* sich lohnen – 10 **un fregadero** lugar donde se lavan *p ej* los platos (→ fregar) – 14 **aislar** alejarse, separarse de la gente – 15 **aparte** separado, a un lado – 17 **el alivio** tranquilidad – 22 **agotado** terminado *aquí*: hablado del todo – 26 **echarse a + INF** *perífr* ponerse a, empezar a – 26 **un sollozo** respiración con pequeñas pausas al llorar – 26 **convulso** con convulsiones, con movimiento incontrolado del cuerpo – 27 **chillar** gritar

pensando que soy desgraciada. Y sufro porque sé que ellos sufren pensando así. No es más que eso.

—¡Ay, Dios mío! ¿Pero tú eres desgraciada?

—Y qué más da. Ellos lo han visto de esa manera, y ya nunca 5 podrán vivir tranquilos. Eso es lo que me desespera. Si no me hubieran visto, sería distinto, pero ahora, por muy contenta que les escriba, ya nunca se les quitará de la cabeza. Nunca. Nunca.

Habla llorando, entrecortadamente. Se pone a vestirse con 10 unos pantalones de pana negros que hay en el respaldo de una silla, y un jersey. Agarra las prendas y se las mete, con gestos nerviosos. Un reloj, fuera, repite unas campanadas que ya habían sonado un minuto antes.

—Tranquilízate, mujer. ¿Qué haces?

15 —Nada. Son las siete. Ya no me voy a volver a acostar. Vete a dormir tú un poco, por favor. Vamos a despertar a los niños si seguimos hablando tan fuerte.

—Pero no llores, no hay derecho. Libérate de esa pena por tus padres. Tú tienes que llevar adelante tu vida y la de tus 20 hijos. Te tienes que ocupar de borrar tus propios sufrimientos reales, cuando tengas alguno.

—Que sí, que sí…

—Mujer, contéstame de otra manera. Parece que me tienes rencor, que te aburro.

25 La persigue, en un baile de pasos menudos, por todo el estudio. Ella ha cogido una bolsa que había colgada en la cocina.

—Déjame ahora —le dice, acercándose a la puerta de la calle—. Tendrás razón, la tienes, seguramente; pero déjame, 30 por favor. ¡¡¡Te lo estoy pidiendo por favor!!!

—¿Cómo?, ¿te vas? No me dejes así, no te vayas enfadada. Dime algo, mujer.

---

1 **desgraciado** infeliz – 9 **entrecortado** con pausas, ≠ continuo – 10 **la pana** Kord – 11 **agarrar** *aquí:* coger, tomar – 11 **una prenda** pieza de ropa – 12 **una campanada** Glockenschlag – 20 **borrar** eliminar – 24 **el rencor** Groll – 25 **perseguir** ir detrás de up – 25 **un paso** Schritt – 25 **menudo** pequeño

Alina ya ha abierto la puerta.

—¡Qué más quieres que te diga! ¡Que no puedo más! Que no estaré tranquila hasta que no me pueda ver un rato sola. Que me salgo a buscar el pan para desayunar y a que me dé un poco el aire. Que lo comprendas si puedes. Que ya no aguanto más aquí encerrada. Hasta luego.

Ha salido casi corriendo. Hasta el portal de la calle hay solamente un tramo de escalera. La mano le tiembla, mientras abre la puerta. Philippe la está llamando, pero no contesta.

Sigue corriendo por la calle. Siente flojas las piernas, pero las fuerza a escapar. Cruza de una acera a otra, y después de una bocacalle a otra, ligera y zozobrante, arrimada a las paredes. Hasta después de sentir un verdadero cansancio, no ha alzado los ojos del suelo, ni ha pensado adónde iba. Poco a poco, el paso se le va relajando, y su aire se vuelve vacilante y arrítmico, como el de un borracho, hasta que se detiene.

Se ha acordado de que Philippe no la seguirá, porque no puede dejar solos a los niños, y respira hondo.

Es una mañana de niebla. La mayor parte de las ventanas de las casas están cerradas todavía, pero se han abierto algunos bares. Ha llegado cerca de la trasera de Notre Dame. Las personas que se cruzan con ella la miran allí parada, y siguen ajenas, absortas en lo suyo. Echa a andar en una dirección fija. Está cerca del Sena, del río Sena. Un río que se llama de cualquier manera: una de aquellas rayitas azul oscuro que su padre señalaba en el mapa de la escuela. Éste es su río de ahora. Ha llegado cerca del río y lo quiere ver correr.

---

3 **un rato** periodo de tiempo corto – 4 **dar el aire a up** frische Luft schnappen – 6 **encerrado** dentro de un lugar sin querer o poder salir – 7 **un portal** puerta principal de un edificio – 8 **un tramo** cada parte en que se divide uc (Abschnitt) – 11 **forzar a uc** obligar – 11 **una acera** parte de la calle donde camina la gente – 12 **una bocacalle** entrada de una calle secundaria – 12 **zozobrante** inquieto, inseguro (→ zozobrar) – 12 **arrimado** apoyado, pegado a uc – 15 **relajarse** hacerse más lento, disminuir – 15 **vacilante** inseguro, indeciso – 21 **una trasera** parte de atrás de uc – 21 *La Catedral de Notre Dame* de París (1163-1345) una de las más antiguas de estilo gótico. Situada en la pequeña Isla de la Cité rodeada por el río Sena. – 23 **ajeno** lejano, sin relación con uc – 24 **el río Sena** uno de los principales ríos franceses que pasa por París

Sale a la plaza de Notre Dame, y la cruza hacia el río. Luego va siguiendo despacio el parapeto hasta llegar a las primeras escaleras que bajan. El río va dentro de su cajón. Se baja por el parapeto hasta una acera ancha de cemento y desde allí se
5 le ve correr muy cerca. Es como un escondite de espaldas a la ciudad, el escenario de las canciones que hablan de amantes casi legendarios. No siente frío. Se sienta, abrazándose las rodillas, y los ojos se le van apaciguando, descansando en las aguas grises del río.

10 Los ríos le atrajeron desde pequeñita, aun antes de haber visto ninguno. Desde arriba del monte Ervedelo, le gustaba mirar fijamente la raya del Miño, que riega Orense, y también la ciudad, concreta y dibujada. Pero sobre todo el río, con su puente encima. Se lo imaginaba maravilloso, visto de cerca.
15 Luego, en la escuela, su padre le enseñó los nombres de otros ríos que están en países distantes; miles de culebrillas finas, todas iguales: las venas del mapa.

Iba a la escuela con los demás niños, pero era la más lista de todos. Lo oyó decir muchas veces al cura y al dueño del Pazo,
20 cuando hablaban con su padre. Aprendió a leer enseguida y le enseñó a Eloy, el del vaquero, que no tenía tiempo para ir a la escuela.

—Te va a salir maestra como tú, Benjamín —decían los amigos del padre, mirándola.
25 Su padre era ya maduro, cuando ella había nacido.

Junto con el recuerdo de su primera infancia, estaba siempre el del roce del bigote hirsuto de su padre, que la besaba mucho y le contaba largas historias cerca del oído. Al padre le gustaba beber y cazar con la gente del pueblo. A ella la hizo andarina

---

2 **un parapeto** pared o barandilla para sujetarse – 5 **un escondite** lugar para esconderse – 8 **una rodilla** Knie – 8 **apaciguar** tranquilizar – 12 **el Río Miño** río más largo de Galicia – 12 **regar** gießen *aquí:* pasar por – 12 **Orense** tercera ciudad más grande de Galicia – 16 **una culebrilla** pequeña culebra (Schlange) – 19 **un pazo** tipo de casa tradicional gallega normalmente en el campo – 27 **el roce** leichte Berührung – 27 **hirsuto** separado, desordenado y duro – 29 **andarín** que camina mucho

y salvaje. La llevaba con él al monte en todo tiempo y le enseñaba los nombres de las hierbas y los bichos. Alina, con los nombres que aprendía, iba inventando historias, relacionando colores y brillos de todas las cosas menudas. Se le hacía un
5 mundo anchísimo, lleno de tesoros, el que tenía al alcance de la vista. Algunas veces se había juntado con otras niñas, y se sentaban todas a jugar sobre los muros, sobre los carros vacíos. Recogían y alineaban palitos, moras verdes y rojas, erizos de castaña, granos de maíz, cristales, cortezas. Jugaban a
10 cambiarse estos talismanes de colores. Hacían caldos y guisos, machacando los pétalos de flores en una lata vacía, los trocitos de teja que dan el pimentón, las uvas arrancadas del racimo. Andaban correteando a la sombra de las casas, en la cuneta de la carretera, entre las gallinas tontas y espantadizas y los
15 pollitos feos del pescuezo pelado.

Pero desde que su padre la empezó a aficionar a trepar a los montes, cada vez le gustaba más alejarse del pueblo; todo lo que él le enseñaba o lo que iba mirando ella sola, en las cumbres, entre los pies de los pinos, era lo que tenía verdadero
20 valor de descubrimiento. Saltaba en las puntas de los pies, dando chillidos, cada vez que se le escapaba un vilano, una lagartija o una mariposa de las buenas. La mariposa paisana volaba cerca de la tierra, cabeceando. Y era muy fácil de coger, pero interesaba menos que una mosca. Era menuda, de color
25 naranja o marrón pinteada; por fuera como de ceniza. Por lo más adentrado del monte, las mariposas que interesaban se cruzaban con los saltamontes, que siempre daban susto al

---

2 **una hierba** *aquí:* planta – 8 **una mora** fruto del bosque (Brombeere) – 9 **un erizo de castaña** piel que la protege – 9 **un grano** Getreidekorn – 9 **una corteza** parte externa de un árbol – 11 **machacar** golpear uc hasta hacerla muy pequeña – 11 **un pétalo** Blütenblatt – 12 **una teja** Dachziegel – 12 **el pimentón** pimiento seco en polvo – 12 **arrancar** sacar uc con violencia de un lugar – 12 **un racimo** *de uvas* Weintraube – 13 **una cuneta** Straßengraben – 14 **espantadizo** que se asusta fácilmente – 15 **un pescuezo** cuello, garganta – 16 **aficionar a up a uc** hacer que a up le guste uc – 21 **un chillido** grito – 21 **un vilano** apéndice de plantas con pelos que vuela (Pappus) – 22 **una lagartija** Eidechse – 25 **pinteado** con puntos o manchas – 25 **la ceniza** *polvo* (Staub) de color gris, resto de un fuego – 26 **adentrado** profundo (→ dentro) – 27 **un saltamontes** Heuschrecke

aparecer, desplegando sus alas azules. Pero Alina no tenía miedo de ningún bicho; ni siquiera de los caballitos del diablo que sólo andaban por lo más espeso, por donde también unas arañas enormes y peludas tendían entre los pinchos de los tojos sus gruesas telas, como hamacas. Los caballitos del diablo le atraían por lo espantoso, y los acechaba, conteniendo la respiración.

—Cállate, papá, que no se espante ése. Míralo ahí. Ahí —señalaba, llena de emoción.

Había unas flores moradas, con capullos secos enganchados en palito que parecían cascabeles de papel. Éstas eran el posadero de los caballitos del diablo, se montaban allí y quedaban balanceándose en éxtasis, con un ligero zumbido que hacía vibrar sus alas de tornasol, el cuerpo manchado de reptil pequeño, los ojos abultados y azules.

Un silencio aplastante, que emborrachaba, caía a mediodía verticalmente sobre los montes. Alina se empezó a escapar sola a lo intrincado y le gustaba el miedo que sentía algunas veces, de tanta soledad. Era una excitación incomparable la de tenderse en lo más alto del monte, en lo más escondido, sobre todo pensando en que a lo mejor la buscaban o la iban a reñir.

Su madre la reñía mucho, si tardaba; pero su padre apenas un poco las primeras veces, hasta que dejó de reñirla en absoluto, y no permitió tampoco que le volviera a decir nada su mujer.

—Si no me puedo quejar —decía, riéndose—. Si he sido yo quien le ha enseñado lo de andar por ahí sola, pateando la

---

1 **desplegar** abrir las *alas* (Flügel) – 2 **un caballito del diablo** Libelle, Wasserjungfer – 3 **espeso** denso, compacto, cerrado – 4 **una araña** Spinne – 4 **un pincho** punta aguda *p ej* de una rosa – 5 **una hamaca** Hängematte – 6 **espantoso** que causa miedo, horrible – 6 **acechar** observar, esperar con cuidado – 10 **un capullo** Knospe – 10 **enganchado** agarrado, sujeto – 11 **un cascabel** bola metálica con un trocito de metal para hacer ruido (Glöckchen) – 12 **un posadero** lugar donde se paran aves o insectos – 13 **un zumbido** sonido o ruido largo continuo – 14 **tornasol** cambiante de color por la luz – 14 **manchado** sucio *aquí:* con forma de uc – 15 **abultado** grande, voluminoso – 16 **aplastante** intenso, abrumador (überwältigend) – 18 **intrincado** complicado, confuso – 27 **patear** *coloq* caminar mucho

tierra de uno y sacándole sabor. Sale a mí clavada, Herminia. No es malo lo que hace; es una hermosura. Y no te apures, que ella no se pierde, no.

Y el abuelo Santiago, el padre de la madre, era el que más se reía. Él sí que no estaba nunca preocupado por la nieta.

—Dejarla —decía—, dejarla, que ésta llegará lejos y andará mundo. A mí se parece, Benjamín, más que a ti. Ella será la que continúe las correrías del abuelo. Como que se va a quedar aquí… Lo trae en la cara escrito lo de querer explorar mundo y escaparse.

—No, pues eso de las correrías sí que no —se alarmaba el maestro—. Esas ideas no se las meta usted en la cabeza, abuelo. Ella se quedará en su tierra, como el padre, que no tiene nada perdido por ahí adelante.

El abuelo había ido a América de joven. Había tenido una vida agitada e inestable y le habían ocurrido muchas aventuras. El maestro, en cambio, no había salido nunca de unos pocos kilómetros a la redonda, y se jactaba de ello cada día más delante de la hija.

—Se puede uno pasar la vida, hija, sin perderse por mundos nuevos. Y hasta ser sabio. Todo es igual de nuevo aquí que en otro sitio; tú al abuelo no le hagas caso en esas historias de los viajes.

El abuelo se sonreía.

—Lo que sea ya lo veremos, Benjamín. No sirve que tú quieras o no quieras.

A medida que crecía, Alina empezó a comprender confusamente que su abuelo y su padre parecían querer disputársela para causas contradictorias, aunque los detalles y razones de aquella sorda rivalidad se le escapasen. De

---

1 **sacarle el sabor a uc** *fig* disfrutar de uc – 1 **clavado** igual a uc o up – 2 **apurarse** *aquí:* preocuparse – 8 **una correría** aventura – 14 **adelante** *aquí:* fuera, otro lugar – 16 **agitado** ≠ tranquilo – 18 **a la redonda** *loc* alrededor, en torno – 18 **jactarse de uc** presumir (angeben) – 21 **sabio** que sabe mucho – 27 **a medida** según – 29 **disputarse a up** competir o rivalizar por uc – 30 **sordo** sin sonido, silencioso

momento la meta de sus ensueños era bajar a la ciudad a ver el río.

Recordaba ahora la primera vez que había ido con su padre a Orense, un domingo de verano, que había feria. La insistencia con que le pidió que la llevara y sus juramentos de que no se iba a quejar de cansancio. Recordaba, como la primera emoción verdaderamente seria de su vida, la de descubrir el río Miño de cerca, en plena tarde, tras la larga caminata, con un movimiento de muchas personas vestidas de colores, merendando en las márgenes, y de otras que bajaban incesantemente de los aserraderos de madera a la romería. Cerca del río estaba la ermita de los Remedios, y un poco más abajo, a la orilla, el campo de la feria con sus tenderetes que parecían esqueletos de madera. Estuvieron allí y el padre bebió y habló con mucha gente. Bailaban y cantaban, jugaban a las cartas. Vendían pirulís, pulpo, sombreros de paja, confites, pitos, pelotillas de goma y alpargatas. Pero Alina en eso casi no se fijó; lo había visto parecido por San Lorenzo, en la fiesta de la aldea. Miraba, sobre todo, el río, hechizada, sin soltarse al principio de la mano de su padre. Luego, más adelante, cuando el sol iba ya bajando, se quedó un rato sentada sola en la orilla («...que tengo cuidado. Déjame. De verdad, papá...»); y sentía todo el rumor de la fiesta a sus espaldas, mientras trataba de descubrir, mezcladas en la corriente del Miño, las pepitas de oro del afluente legendario, el Sil, que arrastra su tesoro, encañonado entre colinas de pizarra. No vio brillar ninguna

---

1 **una meta** objetivo para alcanzar – 1 **un ensueño** ilusión, fantasía – 5 **un juramento** promesa – 8 **en pleno** *loc* en medio de uc – 10 **merendar** comer uc ligera entre comida y cena – 10 **una margen** *de un río* orilla (Ufer) – 11 **un aserradero** lugar donde se corta la madera – 12 **una ermita** *de la Virgen* **de los Remedios** capilla alejada dedicada a esta virgen – 13 **un tenderete** puesto (Stand) – 16 **un pirulí** caramelo con un palo – 16 **un pulpo** Tintenfisch – 16 **la paja** Stroh – 16 **un confite** dulce con forma de bola y mucho azúcar – 17 **un pito** silbato (Pfeife) – 17 **una alpargata** Leinenschuh – 19 **hechizado** fascinado – 24 **una pepita** *aquí:* trocito de metales de los ríos – 25 **un afluente** río secundario que da a uno principal – 25 **el río Sil** río que atraviesa las provincias de León, Orense y Lugo – 25 **arrastrar** *aquí:* llevar consigo la corriente (mitreißen) – 26 **encañonado** encerrado, encajado – 26 **una colina** montaña suave, monte – 26 **la pizarra** Schiefer

de aquellas chispas maravillosas, pero el río se iba volviendo, con el atardecer, cada vez más sonrosado y sereno, y se sentía, con su fluir, la despedida del día. Había en la otra orilla unas yeguas que levantaban los ojos de vez en cuando, y un pescador, inmóvil, con la caña en ángulo. El rosa se espesaba en las aguas.

Luego, al volver, desde el puente, casi de noche, se veían lejos los montes y los pueblos escalonados en anfiteatro, anchos, azules, y, en primer término, las casas de Orense con sus ventanas abiertas, algunas ya con luces, otras cerradas, inflamados aún los cristales por un último resplandor de sol. Muchas mujeres volvían deprisa, con cestas a la cabeza, y contaban dinero, sin dejar de andar ni de hablar.

—Se nos ha hecho muy tarde, Benjamín; la niña va con sueño —decía un amigo del padre, que había estado con ellos casi todo el rato.

—¿Ésta? —contestaba el maestro, apretándole la mano—. No la conoces tú a la faragulla esta. ¿Tienes sueño, faragulla?

—Qué va, papá, nada de sueño.

El maestro y su amigo habían bebido bastante, y se entretuvieron todavía un poco en unas tabernas del barrio de la Catedral.

Luego anduvieron por calles y callejas, cantando hasta salir al camino del pueblo, y allí el amigo se despidió. La vuelta era toda cuesta arriba, y andaban despacio.

—A lo mejor nos riñe tu madre.

—No, papá. Yo le digo que ha sido culpa mía; que me quise quedar más.

---

2 **sereno** tranquilo – 4 **una yegua** hembra del caballo – 5 **una caña** palo largo con una cuerda en el extremo que se usa para pescar (Angel) – 5 **en ángulo** formando un *ángulo* (Winkel) – 8 **escalonado** uno detrás de otro (→ escalera) – 11 **inflamado** *fig* rojo por efecto del sol – 12 **una cesta** Korb – 17 **apretar** presionar, agarrar con fuerza – 18 **una faragulla** *gall fam* uc pequeña – 23 **una calleja** calle estrecha

El maestro se puso a cantar, desafinando algo, una canción de la tierra, que cantaba muy a menudo, y que decía: «…aproveita a boa vida – solteiriña non te cases – aproveita a boa vida – que eu sei de alguna casada – que chora de arrepentida». La cantó muchas veces.

—Tú siempre con tu padre, bonita —dijo luego—, siempre con tu padre.

Había cinco kilómetros de Orense a San Lorenzo.

El camino daba vueltas y revueltas, a la luz de la luna.

—¿Te cansas?

—No, papá.

—Tu madre estará impaciente.

Cantaban los grillos. Luego pasó uno que iba al pueblo con su carro de bueyes, y les dijo que subieran. Se tumbaron encima del heno cortado.

—¿Lo has pasado bien, reina?

—¡Uy, más bien!

Y, oyendo el chillido de las ruedas, de cara a las estrellas, Alina tenía ganas de llorar.

A Eloy, el chico del vaquero, le contó lo maravilloso que era el río. Él ya había bajado a Orense varias veces porque era mayor que ella, y hasta se había bañado en el Miño, pero la escuchó hablar como si no lo conociera más que ahora, en sus palabras.

Eloy guardaba las vacas del maestro, que eran dos, y solía estar en un pequeño prado triangular que había en la falda del monte Ervedelo. Allí le venía a buscar Alina muchas tardes, y es donde le había enseñado a leer. A veces el abuelo Santiago la acompañaba en su paseo y se quedaba sentado con los niños, contándoles las sempiternas historias de su viaje a América.

---

1 **desafinar** desentonar, cantar mal – 2 **aproveita a boa vida – solteiriña non te cases – aproveita a boa vida – que eu sei de alguna casada – que chora de arrepentida** *gall* aprovecha la buena vida-soltera no te cases-aprovecha la buena vida que yo sé de alguna casada que llora arrepentida – 4 **arrepentido** que lamenta uc hecho – 8 **San Lorenzo** pueblo de la protagonista – 9 **una revuelta** segunda o repetición de una vuelta – 14 **tumbarse** echarse, acostarse – 15 **el heno** Heu – 25 **guardar** cuidar – 26 **la falda** *aquí:* parte baja – 30 **sempiterno** eterno, que no tiene fin

Pero Alina no podía estar mucho rato parada en el mismo sitio.

—Abuelo, ¿puedo subir un rato a la peña grande con Eloy, y tú te quedas con las vacas, como ayer? Bajamos enseguida.

El abuelo se ponía a liar un pitillo.

—Claro, hija. Venir cuando queráis.

Y subían corriendo de la mano por lo más difícil, brincando de peña en peña hasta la cumbre.

¡Qué cosa era la ciudad, vista desde allí arriba! A partir de la gran piedra plana, donde se sentaban, descendía casi verticalmente la maleza, mezclándose con árboles, piedras, cultivos, en un desnivel vertiginoso, y las casas de Orense, la Catedral, el río estaban en el hondón de todo aquello; caían allí los ojos sin transición y se olvidaban del camino y de la distancia. Al río se le reconocían las arrugas de la superficie, sobre todo si hacía sol. Alina se imaginaba lo bonito que sería ir montados los dos en una barca, aguas adelante.

—Hasta Tuy, ¿qué dices? ¿Cuánto tardaríamos hasta Tuy?

—No sé.

—A lo mejor muchos días, pero tendríamos cosas de comer.

—Claro, yo iría remando.

—Y pasaríamos a Portugal. Para pasar a Portugal seguramente hay una raya en el agua de otro color más oscuro, que se notará poco, pero un poquito.

—¿Y dormir?

—No dormiríamos. No se duerme en un viaje así. Sólo mirar; mirando todo el rato.

—De noche no se mira, no se ve nada.

—Sí que se ve. Hay luna y luces por las orillas. Sí que se ve.

Nunca volvían pronto, como le habían dicho al abuelo.

---

3 **una peña** monte con muchas piedras – 5 **liar** hacer un cigarrillo envolviendo el tabaco – 7 **brincar** saltar – 10 **plano** liso, sin relieves – 10 **descender** bajar – 11 **la maleza** abundancia de malas hierbas, arbustos – 12 **un desnivel** diferencia de alturas entre dos o más puntos – 12 **vertiginoso** brusco, que da miedo (por la altura) – 13 **un hondón** lugar profundo rodeado de terrenos más altos – 14 **la transición** paso de un lugar a otro – 15 **una arruga** *fig* Falte – 17 **una barca** bote – 18 **Tuy** pequeña ciudad gallega del bajo Miño con una de las catedrales más famosas de Galicia – 21 **remar** rudern

—¿A ti qué te parece, que está lejos o cerca, el río?
—¿De aquí?
—Sí.
—A mí me parece que muy cerca, que casi puede uno tirarse. ¿A ti?
—También. Parece que si abro los brazos, voy a poder bajar volando. Mira, así.
—No lo digas —se asustaba Eloy, retirándola hacia atrás—, da vértigo.
—No, si no me tiro. Pero qué gusto daría, ¿verdad? Se levantaría muchísima agua.
—Sí.

El río era como una brecha, como una ventana para salir, la más importante, la que tenían más cerca.

Una tarde, en uno de estos paseos, Eloy le contó que había decidido irse a América, en cuanto fuese un poco mayor.

—¿Lo dices de verdad?
—Claro que lo digo de verdad.

Alina le miraba con mucha admiración.

—¿Cuándo se te ha ocurrido?
—Ya hace bastante, casi desde que le empecé a oír contar cosas a tu abuelo. Pero no estaba decidido como ahora. Voy a escribir a un primo que tengo allí. Pero es un secreto todo esto, no se lo digas a nadie.

—Claro que no. Te lo juro. Pero, oye, necesitarás dinero.
—Sí, ya lo iré juntando. No te creas que me voy a ir enseguida.
—Pues yo que tú, me iría enseguida. Si no te vas enseguida, a lo mejor no te vas.
—Sí que me voy, te lo juro que me voy. Y más ahora que veo que a ti te parece bien.

Alina se puso a arrancar hierbas muy deprisa, y no hablaron en un rato.

---

4 **tirarse** lanzarse, saltar – 8 **asustarse** tener miedo (→ susto) – 8 **retirar uc o a up** separar up o uc de un lugar – 9 **el vértigo** miedo a la altura – 13 **una brecha** abertura irregular *p ej* en una pared – 20 **ocurrírsele uc a up** tener una idea – 30 **jurar** prometer, hacer una promesa

Luego dijo él:

—¿Sabes lo que voy a hacer?

—¿Qué?

—Que ya no te voy a volver a decir nada hasta que lo tenga todo arreglado y te vea para despedirme de ti. Así verás lo serio que es. Dice mi padre, que cuando se habla mucho de una cosa, que no se hace. Así que tú ya tampoco me vuelvas a preguntar nada, ¿eh?

—Bueno. Pero a ver si se te pasan las ganas por no hablar conmigo.

—No, mujer.

—Y no se lo digas a nadie más.

—A nadie. Sólo a mi primo, cuando le escriba, que no sé cuándo será. A lo mejor espero a juntar el dinero.

No volvieron a hablar de aquello. Eloy se fue a trabajar a unas canteras cercanas, de donde estaban sacando piedra para hacer el Sanatorio y se empezaron a ver menos. Alina le preguntó al abuelo que si el viaje a América se podía hacer yendo de polizón, porque imaginaba que Eloy iría de esa manera, y, durante algún tiempo, escuchó las historias del abuelo con una emoción distinta, pero enseguida volvió a sentirlas lejos, como antes, igual que leídas en un libro o pintadas sobre un telón de colores gastados. En el fondo, todo aquello de los viajes le parecía una invención muy hermosa, pero sólo una invención, y no se lo creía mucho. Eloy no se iría; ¡cómo se iba a ir!

Muchas veces, desde el monte Ervedelo, cuando estaba sola mirando anochecer y se volvía a acordar de la conversación que tuvo allí mismo con su amigo, aunque trataba de sentir verdad que el sol no se había apagado, sino que seguía camino hacia otras tierras desconocidas y lejanas, y aunque decía muchas veces la palabra «América» y se acordaba de los dibujos del libro de Geografía, no lo podía, en realidad, comprender. Se había hundido el sol por detrás de las montañas que

---

5 **arreglado** solucionado – 16 **una cantera** lugar de donde se saca la piedra – 17 **un sanatorio** centro sanitario, hospital – 19 **un polizón** up que viaja ilegalmente en un barco – 22 **un telón** cortina grande en los escenarios de un teatro – 23 **en el fondo** *loc* en realidad – 24 **una invención** fantasía, cuento

rodeaban aquel valle, y se consumía su reflejo en la ciudad
recién abandonada, envuelta en un vaho caliente todavía.
Empezaban a encenderse bombillas. Cuántas ventanas,
cuántas vidas, cuántas historias. ¿Se podía abarcar más? Todo
5 aquello pequeñito eran calles, tiendas, personas que iban a
cenar. Había vida de sobra allí abajo. Alina no podía imaginar
tanta. Otros países grandes y florecientes los habría, los había
sin duda; pero lo mismo daba. Cuando quedaba oscurecido el
valle, manso y violeta el río; cuando empezaban a ladrar los
10 perros a la luna naciente y se apuntaba también el miedo de la
noche, todo se resumía en este poco espacio que entraba por
los ojos. El sol había soplado los candiles, había dicho «buenas
noches»; dejaba la esperanza de verle alzarse mañana. Alina en
esos momentos pensaba que tenía razón su padre, que era un
15 engaño querer correr detrás del sol, soñarle una luz más viva
en otra tierra.

Cuando cumplió los diez años, empezó a hacer el
bachillerato. Por entonces, la ciudad le era ya familiar. Su madre
bajaba muchas veces al mercado con las mujeres de todas las
20 aldeas que vivían de la venta diaria de unos pocos huevos,
de un puñado de judías. Alina la acompañó cuestas abajo
y luego arriba, adelantar por ellos o pasando a engrosarlos,
y escuchó en silencio, junto a su madre, las conversaciones
que llevaban todas, mientras mantenían en equilibrio las
25 cestas sobre la cabeza muy tiesa, sin mirarse, sin alterar el
paso rítmico, casi militar. Ellas ponían en contacto las aldeas
y encendían sus amistades, contaban las historias y daban las
noticias, recordaban las fechas de las fiestas. Todo el cordón
de pueblecitos dispersos, cercanos a la carretera, vertía desde

---

1 **rodear** estar alrededor de uc – 1 **un reflejo** brillo (Abglanz) – 2 **envuelto** rodeado por
uc – 2 **el vaho** vapor (Dampf) – 4 **abarcar** dominar con la vista, de una vez, algo en su
totalidad – 9 **manso** tranquilo, ≠ rebelde – 9 **ladrar** bellen – 10 **apuntarse** unirse a uc
o up – 12 **soplar** expulsar aire por la boca para apagar uc *p ej* una vela – 12 **un candil**
lámpara de aceite – 15 **un engaño** mentira, uc sin sentido – 21 **un puñado** cantidad de
uc que entra en una mano cerrada – 22 **adelantar** hacer uc más corta – 22 **engrosar**
hacer uc mayor – 25 **tieso** rígido, firme – 28 **un cordón** *aquí:* conjunto de pueblos a lo
largo de un lugar – 29 **disperso** separado, alejado – 29 **verter** *fig* ausschütten

muy temprano a estas mensajeras, que se iban encontrando y saludando, camino de la ciudad, como bandadas de pájaros parlanchines. A Alina le gustaba ir con su madre, trotando de trecho en trecho para adaptarse a su paso ligero. Y le gustaba oír la charla de las mujeres. A veces hablaban de ella y le preguntaban cosas a la madre, que era seria y reconcentrada, más amiga de escuchar que de hablar. Habían sabido que iba a ingresar la niña en el Instituto. La niña del maestro.

—Herminia, ¿ésta va a ir a Orense al Ingreso?
—Va.
—Cosas del padre, claro.
—Y de ella. Le gusta a ella.
—¿A ti te gusta, nena?
—Me gusta, sí señora.

Después, según fueron pasando los cursos, los comentarios se hicieron admirativos.
—Dicen que vas muy bien en los estudios.
—Regular.
—No. Dicen que muy bien. ¿No va muy bien, Herminia?
—Va bien, va.

Alina estudiaba con su padre, durante el invierno, y en junio bajaba a examinarse al Instituto por libre. Solamente a los exámenes de ingreso consintió que su padre asistiera. Lo hizo cuestión personal.

—Yo sola, papá. Si no, nada. Yo bajo y me examino y cojo las papeletas y todo. Si estáis vosotros, tú sobre todo, me sale mucho peor.

Se había hecho independiente por completo, oriunda del terreno, confiada, y era absolutamente natural verla crecer y desenredarse sola como a las plantas. Benjamín aceptó las

---

2 **una bandada** grupo grande de pájaros que vuelan juntos – 3 **parlanchín** *coloq* que habla mucho – 3 **trotar** *coloq* caminar mucho o rápidamente – 4 **un trecho** tramo, distancia en un camino – 9 **el Ingreso** examen de acceso a educación Secundaria – 13 **un nene** niño pequeño – 22 **por libre** *loc* de forma independiente, sin estar en el grupo – 23 **consentir** dar permiso, aceptar – 23 **asistir** ir – 26 **una papeleta** papel con las notas de un examen – 28 **oriundo** originario, que conoce y pertenece a un lugar – 29 **confiado** seguro de sí mismo – 30 **desenredarse** soltarse, liberarse

condiciones de la hija. Se jactaba de ella, la idealizaba en las conversaciones con los amigos. Cada final de curso, varias horas antes del regreso de Alina, lo dejaba todo y salía a esperarla a la tienda de Manuel, que estaba mucho antes del pueblo, al comienzo de los castaños de Indias de la carretera, donde las mujeres que regresaban del mercado, en verano, se detenían a descansar un poco y a limpiarse el sudor de la frente debajo de aquella primera sombra uniforme. Casi siempre alguna de ellas, que había adelantado a Alina por el camino arriba, le traía la noticia al padre antes de que llegara ella.

—Ahí atrás viene. Le pregunté. Dice que trae sobresalientes, no sé cuántos.

—No la habrán suspendido en ninguna.

—Bueno, hombre, bueno. ¡La van a suspender!

—¿Tardará?

—No sé. Venía despacio.

Alina venía despacio. Volvía alegre, de cara al verano. Nunca había mirado con tanta hermandad y simpatía a las gentes con las que se iba encontrando, como ahora en estos regresos, con sus papeletas recién dobladas dentro de los libros. Formaban un concierto aquellas gentes con las piedras, los árboles y los bichos de la tierra. Todo participaba y vivía conjuntamente: eran partículas que tejían el mediodía infinito, sin barreras. En la tienda de Manuel se detenía. Estaba Benjamín fuera, sentado a una mesa de madera, casi nunca solo, y veía ella desde lejos los pañuelos que la saludaban.

—Ven acá, mujer. Toma una taza de vino, como un hombre, con nosotros —decía el padre, besándola.

Y ella descansaba allí, bebía el vino fresco y agrio. Y entre el sol de la caminata, la emoción, el vino y un poquito de vergüenza, las mejillas le estallaban de un rojo bellísimo, el más vivo y alegre que el maestro había visto en su vida.

---

5 **un castaño de Indias** Rosskastanienbaum – 9 **adelantar** *aquí:* pasar por delante de uc o up – 18 **la hermandad** amistad íntima – 20 **doblado** plegado (falten) – 23 **tejer** weben – 23 **una barrera** frontera, límite – 26 **un pañuelo** trozo de tela pequeño que sirve para limpiarse *p ej* la nariz – 29 **agrio** ácido, ≠ dulce – 31 **la vergüenza** Schamgefühl – 31 **una mejilla** Wange

—Déjame ver, anda. Trae esas papeletas.
—Déjalo ahora, papá. Buenas notas, ya las verás en casa.
—¿Qué te preguntaron en Geografía?
—Los ríos de América. Tuve suerte.
—¿Y en Historia Natural?
—No me acuerdo…, ah, sí, los lepidópteros.
—Pero deja a la chica, hombre, déjala ya en paz —intervenían los amigos.

En casa, el abuelo Santiago lloraba. No podía aguantar la emoción y se iba a un rincón de la huerta, donde Alina le seguía y se ponía a consolarle como de una cosa triste. Le abrazaba. Le acariciaba la cabeza, las manos rugosas.

—Esta vez sí que va de verdad, hija. Es la última vez que veo tus notas. Lo sé yo, que me muero este verano.

Al abuelo, con el pasar de los años, se le había ido criando un terror a la muerte que llegó casi a enfermedad. Estaba enfermo de miedo, seco y nervioso por los insomnios. Se negaba a dormir porque decía que la muerte viene siempre de noche y hay que estar velando para espantarla. Tomaba café y pastillas para no dormir, y lloraba muchas veces, durante la noche, llamando a los de la casa, que ya no hacían caso ninguno de sus manías, y le oían gemir como al viento. Alina tenía el sueño muy duro, pero era la única que acudía a consolarle, alguna vez, cuando se despertaba. Le encontraba sentado en la cama, con la luz encendida, tensa su figurilla enteca que proyectaba una inmensa sombra sobre la pared; en acecho, como un vigía. Efectivamente, casi todos los viejos de la aldea se quedaban muertos por la noche, mientras dormían, y nadie sentía llegar estas muertes, ni se molestaban en preguntar el motivo de ellas. Eran gentes delgadas y sufridas, a las que se había ido

---

6 **un lepidóptero** orden de las mariposas – 9 **aguantar** contener, controlar – 10 **un rincón** esquina, pequeño espacio en un lugar – 11 **consolar** tranquilizar, hacer sentir mejor – 12 **rugoso** ≠ liso, con irregularidades – 15 **criarse** crecer y desarrollarse – 19 **velar** vigilar uc por la noche – 19 **espantar** asustar para que uc o up se vaya – 21 **hacer caso a up** prestar atención a lo que dice o hace up – 22 **gemir** hacer sonidos para expresar pena o dolor – 23 **duro** *aquí*: profundo – 23 **acudir** ir, asistir – 25 **tenso** ≠ relajado – 25 **enteco** enfermo, débil – 26 **en acecho** observando, vigilando (→ acechar) – 26 **un vigía** vigilante – 30 **sufrido** que sufre, resignado

nublando la mirada, y que a lo mejor no habían visto jamás al médico. También el abuelo había estado sano siempre, pero era de los más viejos que quedaban vivos. Y él sabía que le andaba rondando la vez.

Las últimas notas de Alina que vio fueron las de quinto curso. Precisamente aquel año la abrazó más fuerte y lloró más que otras veces, tanto que el padre se tuvo que enfadar y le llamó egoísta, le dijo que aguaba la alegría de todos. Alina tuvo toda la tarde un nudo en la garganta, y por primera vez pensó que de verdad el abuelo se iba a morir. Le buscó en la huerta y por la casa varias veces aquella tarde, a lo largo de la fiesta que siempre celebraba el maestro en el comedor, con mucha gente. Merendaron empanada, rosquillas y vino y cantaron mucho. Por primera vez había también algunos jóvenes. Un sobrino del dueño del Pazo, que estudiaba primero de carrera, tocaba muy bien la guitarra y cantaba canciones muy bonitas. Habló bastante con Alina, sobre todo de lo divertido que era el invierno en Santiago de Compostela, con los estudiantes. Ya, por entonces, estaba casi decidido que Alina haría la carrera de Letras en Santiago, y ella se lo dijo al chico del Pazo. Era simpático, y la hablaba con cierta superioridad, pero al mismo tiempo no del todo como a una niña. Alina lo habría pasado muy bien si no estuviera todo el tiempo preocupada por el abuelo, que había desaparecido a media tarde, después de que el maestro le había reprendido con irritación, como a un ser molesto. No le pudo encontrar, a pesar de que salió a los alrededores de la casa varias veces, y una de ellas se dio un llegón corriendo hasta el cruce de la iglesia y le llamó a voces desde allí.

---

1 **nublarse** *aquí:* apagarse, oscurecerse (→ nube) – 4 **rondar la vez** *Esp* estar cerca de ser el siguiente (en morir) – 8 **aguar uc** fatidiar, frustrar uc alegre – 8 **tener un nudo en la garganta** *loc* einen Kloß im Hals haben – 13 **una empanada** pastel de pan relleno *p ej* de carne – 13 **una rosquilla** galleta circular con un agujero en el centro (Kringel) – 18 **Santiago de Compostela** capital de Galicia, famosa por su catedral y por ser destino del Camino de Santiago – 19 **una carrera de Letras** estudio de lengua y literatura – 25 **reprender** tadeln, zurechtweisen – 26 **un ser** persona – 27 **dar un llegón** darse un golpe

Volvió el abuelo por la noche, cuando ya se habían ido todos los amigos y había pasado la hora de la cena, cuando la madre de Alina empezaba a estar también muy preocupada. Traía la cabeza baja y le temblaban las manos. Se metió en su cuarto, sin que las palabras que ellos le dijeron lograsen aliviar su gesto contraído.

—Está loco tu padre, Herminia, loco —se enfadó el maestro, cuando le oyeron que cerraba la puerta—. Debía verle un médico. Nos está quitando la vida.

Benjamín estaba excitado por el éxito de la hija y por la bebida, y tenía ganas de discutir con alguien. Siguió diciendo muchas cosas del abuelo, sin que Alina ni su madre le secundaran. Luego se fueron todos a la cama.

Pero Alina no durmió. Esperó un rato y escapó de puntillas al cuarto del abuelo. Aquella noche, tras sus sobresalientes de quinto curso, fue la última vez que habló largo y tendido con él. Se quedaron juntos hasta la madrugada, hasta que consiguió volver a verle confiado, ahuyentado el desamparo de sus ojos turbios que parecían querer traspasar la noche, verla rajada por chorros de luz.

—No te vayas, hija, espera otro poco —le pedía a cada momento, él, en cuanto la conversación languidecía.

—Si no me voy. No te preocupes. No me voy hasta que tú quieras.

—Que no nos oiga tu padre. Si se entera de que estás sin dormir por mi culpa, me mata.

—No nos oye, abuelo.

Y hablaban en cuchicheo, casi al oído, como dos amantes.

—¿Tú no piensas que estoy loco, verdad que no?

---

5 **lograr** conseguir – 5 **aliviar** mejorar, reducir *p ej* un dolor – 6 **contraído** *aquí:* triste, apenado, dolorido – 10 **excitado** nervioso, impaciente – 13 **secundar** *aquí:* responder – 14 **de puntillas** sin hacer ruido – 16 **largo y tendido** *loc* mucho tiempo – 17 **la madrugada** tiempo entre la noche y el amanecer – 18 **el desamparo** desprotección a up que la necesita – 19 **turbio** ≠ claro, ≠ transparente – 19 **traspasar** cruzar, atravesar, ir (mirar) a través de uc – 19 **rajado** roto, abierto – 20 **un chorro** líquido que sale con fuerza – 22 **languidecer** perder intensidad o fuerza – 28 **en cuchicheo** en voz muy baja

—Claro que no.
—Dímelo de verdad.
—Te lo juro, abuelo —y a Alina le temblaba la voz—. Me pareces la persona más seria de la casa.
⁵ —Me dicen que soy como un niño, pero no. Soy un hombre. Es que, hija de mi alma, la cosa más seria que le puede pasar a un hombre es morirse. Hablar es el único consuelo. Estaría hablando todo el día, si tuviera quien me escuchara. Mientras hablo, estoy todavía vivo, y le dejo algo a los demás. Lo terrible
¹⁰ es que se muera todo con uno, toda la memoria de las cosas que se han hecho y se han visto. Entiende esto, hija.
—Lo entiendo, claro que lo entiendo.
Lloraba el abuelo.
—Lo entiendes, hija, porque sólo las mujeres entienden y
¹⁵ dan calor. Por muy viejo que sea un hombre, delante de otro hombre tiene vergüenza de llorar. Una mujer te arropa, aunque también te traiga a la tierra y te ate, como tu abuela me ató a mí. Ya no te mueves más, y ves que no valías nada. Pero sabes lo que es la compañía. La compañía de uno, mala o buena, se
²⁰ la elige uno.
Desvariaba el abuelo. Pero hablando, hablando le resucitaron los ojos y se le puso una voz sin temblores. La muerte no le puede coger desprevenido a alguien que está hablando. El abuelo contó aquella noche, enredadas, todas
²⁵ sus historias de América, de la abuela Rosa, de gentes distintas cuyos nombres equivocaba y cuyas anécdotas cambiaban de sujeto, historias desvaídas de juventud. Era todo confuso, quizá más que ninguna vez de las que habían hablado de lo mismo, pero en cambio, nunca le había llegado a Alina tan viva
³⁰ y estremecedora como ahora la desesperación del abuelo por no poder moverse ya más, por no oír la voz de tantas personas

---

7 **un consuelo** uc que quita la tristeza – 16 **arropar** proteger, cuidar – 17 **atar** sujetar, ≠ dejar libre – 21 **desvariar** decir uc sin sentido – 22 **resucitar** volver a la vida – 22 **sin temblores** firme, segura (→ temblar) – 23 **desprevenido** no preparado, por sorpresa – 24 **enredado** mezclado, revuelto – 26 **equivocarse** fallar, cometer un error – 27 **desvaído** sin fuerza o interés – 30 **estremecedor** que hace temblar y altera el ánimo

que hay en el mundo contando cosas y escuchándolas, por no hacer tantos viajes como se quedan por hacer y aprender tantas cosas que valdrían la pena; y comprendía que quería legársela a ella aquella sed de vida, aquella inquietud.

—Aquí, donde estoy condenado a morir, ya me lo tengo todo visto, sabido de memoria. Sé cómo son los responsos que me va a rezar el cura, y la cara de los santos de la iglesia a los que me vais a encomendar, he contado una por una las hierbas del cementerio. La única curiosidad puede ser la de saber en qué día de la semana me va a tocar la suerte. Tu abuela se murió en domingo, en abril.

—¿Mi abuela cómo era?

—Brava, hija, valiente como un hombre. Tenía cáncer y nadie lo supo. Se reía. Y además se murió tranquila. Claro, porque yo me quedaba con lo de ella, ¿tú entiendes?, con los recuerdos de ella quiero decir, que para alguien no se habían vuelto todavía inservibles. Lo mío es distinto, porque yo la llave de mis cosas, de mi memoria, ¿a quién se la dejo?

—A mí, abuelo. Yo te lo guardo todo —dijo Alina casi llorando—. Cuéntame todo lo que quieras. Siempre me puedes estar dando a guardar todo lo tuyo, y yo me lo quedaré cuando te mueras, te lo juro.

Hacia la madrugada, fue a la cocina a hacer café y trajo las dos tazas. Estaba desvelada completamente.

—Abuelo, dice papá que yo no me case, siempre me está diciendo eso. ¿Será verdad que no me voy a casar? ¿Tú qué dices?

—Claro que te casarás.

—Pues él dice que yo he nacido para estar libre.

---

3 **valer la pena** *loc* merecer la pena – 4 **legar uc a up** dar en *herencia* (Erbe), regalar – 4 **la inquietud** curiosidad, interés – 5 **condenado** sin posibilidad de cambiar su destino – 6 **un responso** *rezo* (Gebet) para los muertos – 7 **rezar** beten – 8 **encomendar a up** pedir a una autoridad superior *p ej* un dios que cuide de up – 8 **una hierba** Grashalm – 13 **bravo** con carácter – 13 **valiente** con valor – 17 **inservible** que no sirve, sin valor – 19 **guardar** poner en un lugar *adecuado* (passend) – 24 **desvelado** que no puede dormir

—Nunca está uno libre; el que no está atado a algo, no vive. Y tu padre lo sabe. Quiere ser él tu atadura, eso es lo que pasa, pero no lo conseguirá.

—Sí lo consigue. Yo le quiero más que a nadie.

—Pero no es eso, Alina. Con él puedes romper, y romperás. Las verdaderas ataduras son las que uno escoge, las que se busca y se pone uno solo, pudiendo no tenerlas.

Alina, aunque no lo entendió del todo, recordó durante mucho tiempo esta conversación.

A los pocos días se encontró con Eloy en la carretera. Estaba muy guapo y muy mayor. Otras veces también le había visto, pero siempre deprisa, y apenas se saludaban un momento. Esta vez, la paró y le dijo que quería hablar con ella.

—Pues habla.

—No, ahora no. Tengo prisa.

—¿Y cuándo?

—Esta tarde, a las seis, en Ervedelo. Trabajo allí cerca.

Nunca le había dado nadie una cita, y era rarísimo que se la diera Eloy. Por la tarde, cuando salió de casa, le parecía por primera vez en su vida que tenía que ocultarse. Salió por la puerta de atrás, y a su padre, que estaba en la huerta, le dio miles de explicaciones de las ganas que le habían entrado de dar un paseo. También le molestó encontrarse, en la falda del monte, con el abuelo Santiago, que era ahora quien guardaba la única vaca vieja que vivía, «Pintera». No sabía si pararse con él o no, pero por fin se detuvo porque le pareció que la había visto. Pero estaba medio dormido y se sobresaltó:

—Hija, ¿qué hora es? ¿Ya es de noche? ¿Nos vamos?

—No, abuelo. ¿No ves que es de día? Subo un rato al monte.

—¿Vas a tardar mucho? —le preguntó él—. Es que estoy medio malo.

Levantaba ansiosamente hacia ella los ojos temblones.

—No, subo sólo un rato. ¿Qué te pasa?

---

6 **escoger** elegir – 20 **ocultarse** esconderse, no dejarse ver – 22 **entrar ganas de uc** empezar a desear uc – 27 **sobresaltarse** asustarse – 32 **temblón** que tiembla

—Nada, lo de siempre: el nudo aquí. ¿Te espero, entonces?
—Sí, espérame y volvemos juntos.
—¿Vendrás antes de que se ponga el sol?
—Sí, claro.
—Por el amor de Dios, no tardes, Adelaida. Ya sabes que en cuanto se va el sol, me entran los miedos.
—No tardo, no. No tardo.

Pero no estaba en lo que decía. Se adentró en el pinar con el corazón palpitante, y, sin querer, echó a andar más despacio. Le gustaba sentir crujir las agujas de pino caídas en el sol y en la sombra, formando una costra de briznas tostadas. Se imaginaba, sin saber por qué, que lo primero que iba a hacer Eloy era cogerle una mano y decirle que la quería, tal vez incluso besarla. Y ella ¿qué podría hacer si ocurría algo semejante? ¿Sería capaz de decir siquiera una palabra?

Pero Eloy sólo pretendía darle la noticia de su próximo viaje a América. Por fin sus parientes le habían reclamado, y estaba empezando a arreglar todos los papeles.

—Te lo cuento, como te prometí cuando éramos pequeños. Por lo amigos que éramos entonces, y porque me animaste mucho. Ahora ya te importará menos.

—No, no me importa menos. También somos amigos ahora. Me alegro de que se te haya arreglado. Me alegro mucho.

Pero tenía que esforzarse para hablar. Sentía una especie de decepción, como si este viaje fuera diferente de aquel irreal y legendario, que ella había imaginado para su amigo en esta cumbre del monte, sin llegarse a creer que de verdad lo haría.

—¿Y tendrás trabajo allí?
—Sí, creo que me han buscado uno. De camarero. Están en Buenos Aires y mi tío ha abierto un bar.
—Pero tú de camarero no has trabajado nunca. ¿Te gusta?

---

3 **ponerse el sol** atardecer – 8 **adentrarse** meterse, entrar – 8 **un pinar** bosque de pinos – 9 **palpitante** a gran velocidad, lleno de emoción – 11 **una costra** Kruste – 11 **una brizna** hierba (Halm) – 15 **semejante** así, similar – 16 **pretender** tener la intención, querer – 17 **reclamar** llamar, pedir que up vaya a un lugar – 18 **arreglar** solucionar – 20 **animar** motivar – 25 **una decepción** desengaño, desilusión (Enttäuschung)

—Me gusta irme de aquí. Ya veremos. Luego haré otras cosas. Se puede hacer de todo.

—¿Entonces, estás contento de irte?

—Contento, contento. No te lo puedo ni explicar. Ahora ya se lo puedo decir a todos. Tengo junto bastante dinero, y si mis padres no quieren, me voy igual.

Le brillaban los ojos de alegría, tenía la voz segura. Alina estaba triste, y no sabía explicarse por qué. Luego bajaron un poco y subieron a otro monte de la izquierda, desde el cual se veían las canteras donde Eloy había estado trabajando todo aquel tiempo. Sonaban de vez en cuando los barrenos que atronaban el valle, y los golpes de los obreros abriendo las masas de granito, tallándolas en rectángulos lisos, grandes y blancos. Eloy aquella tarde había perdido el trabajo por venir a hablar con Alina y dijo que le daba igual, porque ya se pensaba despedir. Se veían muy pequeños los hombres que trabajaban, y Eloy los miraba con curiosidad y atención, desde lo alto, como si nunca hubieran sido sus compañeros.

—Me marcho, me marcho —repetía.

Atardeció sobre Orense. Los dos vieron caer la sombra encima de los tejados de la ciudad, cegar al río. Al edificio del Instituto le dio un poco de sol en los cristales hasta lo último. Alina lo localizó y se lo enseñó a Eloy, que no sabía dónde estaba. Tuvo que acercar mucho su cara a la de él.

—Mira; allí. Allí…

Hablaron del Instituto y de las notas de Alina.

—El señorito del Pazo dice que eres muy lista, que vas a hacer carrera.

—Bueno, todavía no sé.

—Te pone por las nubes.

—Si casi no le conozco. ¿Tú cuándo le has visto?

---

11 **un barreno** instrumento para hacer agujeros – 12 **atronar** llenar un lugar con un ruido muy fuerte – 12 **un obrero** trabajador – 13 **una masa** *de granito* bloque o zona en la roca con este mineral – 13 **tallar** dar forma o trabajar un material – 21 **cegar** dejar uc sin vista o luz (ciego) – 27 **un señorito** hijo de up importante o rica – 30 **poner a up por las nubes** *loc* hablar muy bien de up

—Le veo en la taberna. Hemos jugado a las cartas. Hasta pensé: «A lo mejor quiere a Alina».

La miraba. Ella se puso colorada.

—¡Qué tontería! Sólo le he visto una vez. Y además, Eloy, tengo quince años. Parece mentira que digas eso.

Tenía ganas de llorar.

—Ya se es una mujer con quince años —dijo él alegremente, pero sin la menor turbación—. ¿O no? Tú sabrás.

—Sí, bueno, pero…

—¿Pero qué?

—Nada.

—Tienes razón, mujer. Tiempo hay, tiempo hay. Y Eloy se rió. Parecía de veinte años o mayor, aunque sólo le llevaba dos a ella. «Estará harto de tener novias —pensó Alina—. Me quiere hacer rabiar.»

Bajaron en silencio por un camino que daba algo de vuelta. Era violento tenerse que agarrar alguna vez de la mano, en los trozos difíciles. Ya había estrellas. De pronto Alina se acordó del abuelo y de lo que le había prometido de no tardar, y se le encogió el corazón.

—Vamos a cortar por aquí. Vamos deprisa. Me está esperando.

—Bueno, que espere.

—No puede esperar. Le da miedo. Vamos, oye. De verdad.

Corrían. Salieron a un camino ya oscuro y pasaron por delante de la casa abandonada, que había sido del cura en otro tiempo y luego se la vendió a unos señores que casi no venían nunca. La llamaban «la casa del camino» y ninguna otra casa le estaba cerca.

A la puerta, y por el balcón de madera carcomida, subía una enredadera de pasionarias, extrañas flores como de carne

---

3 **ponerse colorado** *loc* rojo por la vergüenza – 5 **parecer mentira** *loc* expresa sorpresa o extrañeza – 8 **la turbación** vergüenza – 14 **harto** cansado, aburrido – 15 **rabiar a up** enfadar – 17 **ser uc violenta** dar vergüenza – 18 **un trozo** *aquí:* tramo – 20 **encogérsele el corazón a up** sentir inquietud o pena – 21 **cortar** *aquí:* hacer más corta uc – 30 **carcomido** wurmstichig – 31 **una enredadera** planta trepadora – 31 **una pasionaria** flor tropical de colores vivos

pintarrajeada, de mueca grotesca y mortecina, que parecían rostros de payasa vieja. A Alina, que no tenía miedo de nada, le daban miedo estas flores, y nunca las había visto en otro sitio. Eloy se paró y arrancó una.

5 —Toma.

—¿Que tome yo? ¿Por qué? —se sobrecogió ella sin coger la flor que le alargaba su amigo.

—Por nada, hija. Porque me voy; un regalo. Me miras de una manera rara, como con miedo. ¿Por qué me miras así?

10 —No; no la quiero. Es que no me gustan, me dan grima.

—Bueno —dijo Eloy. Y la tiró—. Pero no escapes. Corrían otra vez.

—Es por el abuelo. Tengo miedo por él —decía Alina, casi llorando, descansada de tener un pretexto para justificar su
15 emoción de toda la tarde—. Quédate atrás tú, si quieres.

—Pero ¿qué le va a pasar al abuelo? ¿Qué le puede pasar?

—No sé. Algo. Tengo ganas de llegar a verle.

—¿Prefieres que me quede o que vaya contigo?

—No. Mejor ven conmigo. Ven tú también.

20 —Pues no corras así.

Le distinguieron desde lejos, inmóvil, apoyado en el tronco de un nogal, junto a la vaca, que estaba echada en el suelo.

—¿Ves cómo está allí? —dijo Eloy.

Alina empezó a llamarle, a medida que se acercaba:

25 —Que ya vengo, abuelo. Que ya estoy aquí. No te asustes. Somos nosotros. Eloy y yo.

Pero él no gemía, como otras veces, no se incorporaba. Cuando entraron agitadamente en el prado, vieron que se había quedado muerto, con los ojos abiertos, impasibles. Las
30 sombras se tendían pacíficamente delante de ellos, caían como un telón, anegaban el campo y la aldea.

---

1 **pintarrajeado** *coloq* mal pintado, sin arte – 1 **una mueca** gesto que expresa *p ej* burla (Grimasse) – 1 **mortecino** apagado, sin vida (→ muerto) – 2 **un rostro** cara – 2 **un payaso** artista de circo que hace reír, clo(w)n – 10 **la grima** sensación desagradable – 14 **descansado** *aquí: aliviado* (erleichtert) – 14 **un pretexto** excusa – 14 **justificar** rechtfertigen – 21 **un tronco** cuerpo de un árbol (Baumstamm) – 22 **un nogal** árbol de la nuez (Nussbaum) – 29 **impasible** quieto, inexpresivo – 30 **tenderse** echarse, extenderse – 31 **anegar** cubrir, tapar uc *p ej* con agua

A partir de la muerte del abuelo y de la marcha de Eloy, los recuerdos de Alina toman otra vertiente más cercana, y todos desembocan en Philippe. Es muy raro que estos recuerdos sean más confusos que los antiguos, pero ocurre así.

Los dos últimos cursos de bachillerato, ni sabe cómo fueron. Vivía en la aldea, pero con el solo pensamiento de terminar los estudios en el Instituto para irse a Santiago de Compostela. Ya vivía allí con la imaginación, y ahora, después de los años, lo que imaginaba se enreda y teje con lo que vivió de verdad. Quería escapar, cambiar de vida. Se hizo huraña y estaba siempre ausente. Empezó a escribir versos que guardaba celosamente y que hasta que conoció a Philippe no había enseñado a nadie, ni a su padre siquiera. Muchas veces se iba a escribir al jardín que rodeaba la iglesia, cerca de la tumba del abuelo. Aquello no parecía un cementerio, de los que luego conoció Alina, tan característicos. Cantaban los pájaros y andaban por allí picoteando las gallinas del cura. Estaban a dos pasos los eucaliptos y los pinos, todo era uno. Muchas veces sentía timidez de que alguien la encontrase sola en lugares así, y se hacía la distraída para no saludar al que pasaba, aunque fuese un conocido.

—Es orgullosa —empezaron a decir en el pueblo—. Se le ha subido a la cabeza lo de los estudios.

A las niñas que habían jugado con ella de pequeña se les había acercado la juventud, estallante y brevísima, como una huella roja. Vivían todo el año esperando las fiestas del Patrón por agosto, de donde muchas salían con novio y otras embarazadas. Algunas de las de su edad ya tenían un hijo. Durante el invierno se las encontraba por la carretera, descalzas, con sus cántaros a la cabeza, llevando de la mano

---

2 **una vertiente** dirección, camino – 3 **desembocar** ir a dar – 9 **enredarse** mezclarse, confundirse – 10 **huraño** poco sociable, que se esconde de la gente – 12 **celosamente** con mucho cuidado – 14 **una tumba** Grab – 17 **picotear** golpear con el pico *p ej* para buscar comida (aufpicken) – 19 **la timidez** falta de seguridad en uno mismo – 20 **distraído** despistado, que piensa en otra cosa – 22 **orgulloso** *aquí:* arrogante – 25 **estallante** explosivo, intenso – 26 **una huella** Spur – 30 **descalzo** sin zapatos – 30 **un cántaro** jarro de barro (Tonkrug)

al hermanito o al hijo. Cargadas, serias, responsables. También las veía, curvadas hacia la tierra para recoger patatas o piñas. Y le parecía que nunca las había mirado hasta entonces. Nunca había encontrado esta dificultad para comunicarse con ellas ni había sentido la vergüenza de ser distinta. Pero tampoco, como ahora, esta especie de regodeo por saber que ella estaba con el pie en otro sitio, que podría evadirse de este destino que la angustiaba. Iba con frecuencia a confesarse con don Félix y se acusaba de falta de humildad.

—Pues trabaja con tu madre en la casa, hija —le decía el cura—, haz trabajos en el campo, habla con toda la gente, como antes hacías.

Luego, rezando la penitencia, se pasaba largos ratos Alina en la iglesia vacía por las tardes, con la puerta al fondo, por donde entraban olores y ruidos del campo, abierta de par en par. Clavaba sus ojos, sin tener el menor pensamiento, en la imagen de San Roque, que tenía el ala del sombrero levantada y allí, cruzadas dos llaves, pintadas de purpurina. Le iba detallando los ojos pasmados, la boca que asomaba entre la barba, con un gesto de guasa, como si estuviera disfrazado y lo supiera. Llevaba una esclavina oscura con conchas de peregrino y debajo una túnica violeta, que se levantaba hasta el muslo con la mano izquierda para enseñar una llaga pálida, mientras que con la derecha agarraba un palo rematado por molduras. El perro que tenía a sus pies, según del lado que se le mirara, parecía un cerdo flaco o una oveja. Levantaba al santo unos ojos de agonía.

---

1 **cargado** que lleva uc pesada – 2 **una piña** fruto del pino – 6 **el regodeo** *coloq* placer o satisfacción por uc que es mala para otros – 7 **evadirse** escaparse, liberarse – 8 **angustiar** preocupar, hacer sentir mal – 9 **la humildad** sencillez, modestia (Demut) – 13 **una penitencia** pena que se pone después de confesar uc *p ej* rezos – 15 **de par en par** *loc* completamente – 16 **clavar** fijarse, mirar intensamente uc – 17 **San Roque** santo protector de los animales, los enfermos y los perros – 17 **un ala** *f del sombrero* Hutkrempe – 18 **la purpurina** pintura brillante – 19 **pasmado** sorprendido, atontado – 20 **la guasa** *coloq* burla, broma – 21 **una esclavina** capa o tela corta por los *hombros* (Schulter) – 22 **un muslo** parte superior de la pierna hasta la rodilla – 23 **una llaga** herida abierta – 24 **rematado** terminado, acabado – 24 **una moldura** adorno, ornamento – 27 **la agonía** sufrimiento, pena

—Se me quita la devoción, mirando ese San Roque —confesaba Alina al cura—. Me parece mentira todo lo de la iglesia, no creo en nada de nada. Me da náusea.

—¡Qué cosa más rara, hija, una imagen tan milagrosa! Pero nada —se alarmaba don Félix—, no vuelvas a mirarla. Reza el rosario en los pinos como hacías antes, o imagínate a Dios a tu manera. Lo que sea, no importa. Tú eres buena, no te tienes que preocupar tanto con esas preguntas que siempre se te están ocurriendo. Baila un poquito en estas fiestas que vienen. Eso tampoco es malo a tu edad. Diviértete, hija —se reía—. Dirás que qué penitencia tan rara.

El maestro, que siempre había sido bastante anticlerical, empezó a alarmarse.

—Pero, Herminia, ¿qué hace esta chica todo el día en la iglesia?

—Que haga lo que quiera. Déjala.

—¿Que la deje? ¿Cómo la voy a dejar? Se nos mete monja por menos de un pelo.

—Bueno, hombre, bueno.

—Pero ¿cómo no te importa lo que te digo, mujer? Tú no te inmutas por nada. Eres como de corcho.

—No soy de corcho, pero dejo a la hija en paz. Tú la vas a aburrir, de tanto estar pendiente de lo que hace o lo que no hace.

—Pero dile algo tú. Eso son cosas tuyas.

—Ya es mayor. Díselo tú, si quieres, yo no le digo nada. No veo que le pase nada de particular.

—Sí que le pasa. Tú no ves más allá de tus narices. Está callada todo el día. Ya no habla conmigo como antes, me esconde cosas que escribe.

—Bueno, y qué. Porque crece. No va a ser siempre como de niña. Son cosas del crecimiento, de que se va a separar. Se lo preguntaré a ella lo que le pasa.

---

1 **la devoción** creencia religiosa – 3 **una náusea** repugnancia, rechazo, desagrado – 6 **un rosario** Rosenkranz – 17 **una monja** mujer de la iglesia, religiosa – 17 **por menos de un pelo** *loc* por poco – 21 **inmutarse por uc** alterarse, ponerse nervioso – 28 **ver más allá de las narices** *loc fig* über den Tellerrand hinausschauen

Y Alina siempre decía que no le pasaba nada.
—¿No será que estudias demasiado?
—No, por Dios, papá. Al contrario. Si eso es lo que más me divierte.
—Pues antes comías mejor, estabas más alegre, cantabas.
—Yo estoy bien, te lo aseguro.
—Verás este año en las fiestas. Este año nos vamos a divertir. Va a ser sonada, la romería de San Lorenzo.

Aquel verano, el último antes de empezar Alina la carrera, se lo pasó Benjamín, desde junio, haciendo proyectos para la fiesta del Patrón que era a mediados de agosto. Quería celebrar por todo lo alto que su hija hubiese acabado el bachillerato y quería que ella se regocijase con él, preparando las celebraciones. Pidió que aquel año le nombrasen mayordomo de la fiesta. Los mayordomos se elegían cada año entre los cuatro o cinco mejor acomodados de la aldea y ellos corrían con gran parte del gasto. En general todos se picaban y querían deslumbrar a los demás; pensaban que el San Lorenzo que patrocinaban ellos había de tener más brillo que ninguno, aunque las diferencias de unos años a otros fueran absolutamente insensibles y nadie se apercibiera de que había variado alguna cosa. El maestro, aquel año, soñaba con que su nombre y el de la hija se dijeran en Verín y en Orense.

—Nos vamos a arruinar, hombre —protestaba Herminia, cada vez que le veía subir de Orense con una compra nueva.
—Bueno, ¿y qué si nos arruinamos?
—No, nada.

---

8 **sonado** famoso, para recordar – 8 **una romería** fiesta popular – 11 **un patrón** santo titular de una iglesia – 12 **por todo lo alto** *loc coloq* a lo grande, con mucho lujo – 13 **regocijarse** disfrutar, alegrarse – 15 **un mayodormo** up elegida que organiza y financia *p ej* una fiesta – 16 **acomodado** rico o con bastante dinero – 17 **correr con un gasto** pagar – 17 **picarse** provocar – 18 **deslumbrar** impresionar, impactar – 19 **patrocinar** financiar una actividad – 21 **insensible** *aquí:* que no se nota una diferencia – 21 **apercibir** darse cuenta, notar – 23 **Verín** pequeña ciudad gallega con frontera con Portugal conocida por sus aguas medicinales – 24 **arruinarse** perder todo lo que se tiene

Compró cientos de bombas y cohetes. Alquiló a un pirotécnico para los fuegos artificiales, que en el pueblo nunca se habían visto. Contrató a la mejor banda de música del contorno, atracciones nuevas de norias y tiovivos. Mandó adornar todo el techo del campo donde se iba a celebrar la romería con farolillos y banderas, instaló en la terraza de su propia casa un pequeño bar con bebidas, donde podía detenerse todo el mundo, a tomar un trago gratis.

—El maestro echa la casa por la ventana —comentaban.

—La echa, así.

Días antes había bajado a la ciudad con Adelaida y había querido comprarle un traje de noche en una tienda elegante. La llevó al escaparate con mucha ilusión. Era azul de glasé y tenía una rosa en la cintura.

—Que no, papá. Que yo eso no me lo pongo, que me da mucha vergüenza a mí ponerme eso. No te pongas triste. Es que no puedo, de verdad. Anda, vamos.

—Pero ¿cómo «vamos»? ¿No te parece bonito?

—Muy bonito, sí. Pero no lo quiero. No me parece propio. Compréndelo, papá. Te lo agradezco mucho. Parece un traje de reina, o no sé.

—Claro, de reina. Para una reina.

No lo podía entender. Insistía en que entrase a probárselo para que se lo viese él puesto, por lo menos unos instantes. Pero no lo consiguió. Terminaron en una de aquellas tiendas de paños del barrio antiguo, hondas y solitarias como catedrales, y allí se eligió Alina dos cortes de vestido de cretona estampada

---

1 **un cohete** Rakete – 2 **un pirotécnico** experto en fuegos artificiales – 3 **contratar** dar trabajo a up – 4 **un contorno** alrededores de un lugar – 4 **una noria** rueda gigante que gira – 4 **un tiovivo** carrusel – 5 **adornar** decorar – 6 **un farolillo** lamparita de papel – 8 **un trago** *aquí:* copa de bebida alcohólica (Schluck) – 9 **echar la casa por la ventana** *loc coloq* gastar mucho – 12 **un traje de noche** *aquí:* vestido largo de fiesta – 13 **un escaparate** parte exterior con cristales de una tienda – 13 **glasé** con mucho brillo (Glanztaft) – 14 **una cintura** Taille – 19 **propio** *aquí:* adecuado, correcto – 26 **un paño** tela – 27 **un corte** cantidad de tela necesaria para hacer *p ej* un pantalón – 27 **la cretona** tela fuerte de algodón – 27 **estampado** con dibujos

que le hizo en tres días la modista de la aldea. Volvieron muy callados todo el camino, con el paquete.

No fueron para Alina aquellas fiestas diferentes de las de otros años, más que en que se tuvo que esforzar mucho para esconder su melancolía, porque no quería nublar el gozo de su padre. No sabía lo que le pasaba, pero su deseo de irse era mayor que nunca. Se sentía atrapada, girando a disgusto en una rueda vertiginosa. Se reía sin parar, forzadamente, y a cada momento se encontraba con los ojos del padre que buscaban los suyos para cerciorarse de que se estaba divirtiendo. Bailó mucho y le dijeron piropos, pero de ningún hombre le quedó recuerdo.

—Ya te estaba esperando a ti en esa fiesta —le dijo a Philippe poco tiempo más tarde, cuando le contó cosas de este tiempo anterior a su encuentro—. Era como si ya te conociera de tanto como te echaba de menos, de tanto como estaba reservando mi vida para ti.

Benjamín perdió a su hija en aquellas fiestas, a pesar de que Philippe, el rival de carne y hueso, no hubiese aparecido todavía. Pero no se apercibió. Anduvo dando vueltas por el campo de la romería, de unos grupos a otros, desde las primeras horas de la tarde, y estaba orgulloso recibiendo las felicitaciones de todo el mundo. Descansaba del ajetreo de los días anteriores.

La romería se celebraba en un soto de castaños y eucaliptos a la izquierda de la carretera. Los árboles eran viejos, y muchos se secaban poco a poco. Otros los habían ido cortando, y dejaron el muñón de asiento para las rosquilleras. Las que llegaban tarde se sentaban en el suelo, sobre la hierba amarillenta y pisoteada, y ponían delante la cesta con la mercancía. En filas de a tres o cuatro, con pañuelos de colores a la cabeza. Vendían

---

1 **una modista** up que hace ropa – 4 **más que** excepto – 5 **el gozo** placer, disfrute – 7 **a disgusto** sin quererlo – 10 **cerciorarse** asegurarse – 11 **un piropo** cumplido, palabras de halago (Kompliment) – 23 **el ajetreo** mucha actividad y movimiento – 25 **un soto** matorral (Gebüsch) – 28 **un muñón** parte fija que queda después de cortar uc – 28 **una rosquillera** vendedora ambulante (de rosquillas) – 30 **pisoteado** en mal estado por pisar uc mucho

rosquillas de Rivadavia, peras y manzanas, relojitos de hora fija, pitos, petardos. Estaban instaladas desde por la mañana las barcas voladoras pintadas de azul descolorido y sujetas por dos barras de hierro a un cartel alargado, donde se leía: «LA
5 ALEGRÍA – ODlLO VARELA». Otros años las ponían cerca de la carretera, y a Odilo Varela, que ya era popular, le ayudaban todos los niños del pueblo trayendo tablas y clavos. Pero esta vez habían venido también automóviles de choque y una noria, y las barcas voladoras pasaron a segundo término.
10 También desde por la mañana, muy temprano, habían llegado los pulperos, los indispensables, solemnes pulperos de la feria. Este año eran tres. El pulpero era tan importante como la banda de música, como la misa de tres curas, como los cohetes que estremecían la montaña. Los chiquillos
15 rondaban los estampidos de los primeros cohetes para salir corriendo a buscar la vara y también acechaban la llegada del primer pulpero para salir corriendo por la aldea a dar la noticia. El pulpero, entretanto, preparaba parsimoniosamente sus bártulos, consciente de la dignidad de su cargo, de su valor
20 en la fiesta. Escogía, tras muchas inspecciones del terreno, el lugar más apropiado para colocar la inmensa olla de hierro renegrido. La cambiaba varias veces. Un poco más arriba. Donde diera menos el aire.

Una vez asentada definitivamente, sobre sus patas, la llenaba
25 de agua y amontonaba debajo hojas secas, ramas y cortezas que iba juntando y recogiendo con un palo. A esto le ayudaban los chiquillos, cada vez más numerosos, que le rodeaban. Luego prendía la hoguera, y, cuando el agua empezaba a hervir,

---

1 **Rivadavia** municipio gallego de la provincia de Orense – 1 **de hora fija** *aquí:* de mentira, de juguete – 2 **un petardo** Knaller – 4 **una barra de hierro** Eisenstange – 5 **Odilo Varela** nombre del propietario de la atracción – 7 **un clavo** Nagel – 8 **automóviles** *o coches* **de choque** *pl* Autoskooter – 11 **un pulpero** vendedor de pulpo – 11 **indispensable** fundamental, necesario – 11 **solemne** con mucha ceremonia – 14 **estremecer** hacer temblar – 15 **un estampido** ruido fuerte y seco – 16 **una vara** palito – 18 **parsimonioso** lento – 19 **un bártulo** utensilio, aparato, herramienta – 19 **un cargo** puesto, trabajo, oficio – 22 **renegrido** oscurecido por el uso – 24 **asentar** fijar, asegurar – 25 **una rama** Zweig – 28 **una hoguera** fuego – 28 **hervir** cocer (sprudeln)

sacaba el pulpo para echarlo a la olla. Éste era el momento más importante de la ceremonia, y ya se había juntado mucha gente para verlo. El pulpo seco como un esqueleto, con sus brazos tiesos llenos de arrugas, se hundía en el agua para
5 transformarse. El pulpero echaba un cigarro, y contestaba sin apresurarse a las peticiones de las mujeres que se habían ido acercando y empezando a hacerle encargos, mientras, de vez en cuando, revolvía dentro de la olla con su largo garfio de hierro. El caldo del pulpo despedía por sus burbujas un olor
10 violento que excitaba y alcanzaba los sentidos, como una llamarada.

Por la tarde, este olor había impregnado el campo y se mezclaba con el de anguilas fritas. También venían de cuando en cuando, entre el polvo que levantaban las parejas al bailar,
15 otras ráfagas frescas de olor a eucaliptos y a resina. Alina las bebía ansiosamente, respiraba por encima del hombro de su compañero de baile, miraba lejos, a las copas oscuras de los pinos, a las montañas, como asomada a una ventana.

—Parece que se divierte tu chica —le decían al maestro los
20 amigos.

—Se divierte, sí, ya lo veo. No deja de bailar. Y lo que más me gusta es que baila con todos. No está en edad de atarse a nadie.

—Se atará, Benjamín, se atará.

25 —Pero hay tiempo. Ahora, en octubre va a la Universidad. Hará su carrera. Buena gana tiene ella de pensar en novios. Ésta sacará una oposición, ya lo veréis. Le tiran mucho los estudios.

Desde la carretera hasta donde estaba el templete de los
30 músicos, con su colgadura de la bandera española, todo

---

8 **un garfio** Haken – 9 **despedir** *aquí:* liberar, soltar – 9 **una burbuja** Blase – 11 **una llamarada** ola de fuego – 13 **una anguila** pez largo y comestible (Aal) – 15 **una ráfaga** golpe de viento – 15 **la resina** Harz – 26 **buena gana** *irón coloq* expresión que indica la inutilidad de hacer uc – 27 **una oposición** examen de selección para trabajar para el Estado – 27 **tirar** *aquí:* atraer – 29 **un templete** quiosco – 30 **una colgadura** tela con la que se decora un balcón o similar

el campo de la romería estaba cuajado a ambos lados de tenderetes de vinos y fritangas, con sus bancos de madera delante, y sobre el mostrador se alineaban los porrones de vino del Ribeiro y las tacitas de loza blanca, apiladas casi hasta rozar los rabos de las anguilas que pendían medio vivas todavía, enhebradas de diez a doce por las cabezas. El maestro no perdía de ojo a la chica, ni dejaba de beber; se movía incesantemente de una parte a otra. Alina sonreía a su padre, cuando le pasaba cerca, bailando, pero procuraba empujar a su pareja hacia la parte opuesta para esquivar estas miradas indagadoras que la desasosegaban. Contestaba maquinalmente, se reía, giraba. («Bailas muy bien.» «Perdona, te he pisado.» «¿Y vas a ser maestra?») Se dejaba llevar, entornando los ojos. A veces tropezaba con una pareja de niñas que se ensayaban para cuando mozas, y que se tambaleaban, mirándolas muerta de risa. Anochecía. Los niños buscaban los pies de los que bailaban con fuegos y petardos, y después escapaban corriendo. Ensordecía el chillido de los pitos morados que tienen en la punta ese globo que se hincha al soplar y después se deshincha llorando. Casi no se oía la música. Cuando se paraba, sólo se enteraba Alina porque su compañero se paraba también. Se soltaban entonces.

—Gracias.

—A ti, bonita.

Y el padre casi todas las veces se acercaba entonces para decirle algo, o para llevársela a dar una vuelta por allí con él y los amigos, hasta que veía que los músicos volvían a coger los instrumentos. La llevó a comer el pulpo, que pedía mucho vino. Le divertía a Benjamín coger él mismo la gran tijera del

---

1 **cuajado** lleno – 2 **una fritanga** *despect* alimentos fritos en mucho aceite – 3 **un mostrador** mesa larga *p ej* en una tienda para presentar mercancía – 3 **un porrón** recipiente de cristal ancho de cuello largo para beber vino a chorro – 4 **Ribeiro** vino gallego – 4 **la loza** Steinzeug – 4 **rozar** tocar levemente uc – 5 **un rabo** cola, parte de atrás de un animal – 6 **enhebrado** unido por un *hilo* (Faden) – 7 **incesantemente** sin parar – 11 **desasosegar** intranquilizar, poner nervioso – 14 **tropezar** chocar – 14 **ensayar** practicar – 15 **tambalear** moverse de un lado para otro – 18 **ensordecer** molestar mucho un ruido por su intensidad – 18 **morado** lila o violeta – 19 **hincharse** llenarse uc de aire

pulpero y cortar el rabo recién sacado de la olla. Caían en el plato de madera las rodajitas sonrosadas y duras, por fuera con su costra de granos amoratados. El pulpero las rociaba de aceite y pimentón.

5 —Resulta bien esto, ¿eh, reina?
—Sí, papá.
—Me gusta tanto ver lo que te diviertes. ¿Ves?, ya te lo decía yo que ibas a bailar todo el tiempo.
—Sí, bailo mucho.
10 —Es estupenda la banda, ¿verdad? Mejor que ningún año.
—Sí que es muy buena, sí.

Pero la banda era igual que siempre, con aquellos hombres de azul marino y gorra de plato, que de vez en cuando se aflojaban la corbata. Alina hubiera querido escucharles sin 15 tener que bailar. Todo lo que tocaban parecía lo mismo. Lo transformaban, fuera lo que fuera, en una charanga uniforme que no se sabía si era de circo o de procesión. Porque pasaba por ellos; le daban un conmovedor aire aldeano. Lo mismo que saben casi igual los chorizos que las patatas, cuando se 20 asan en el monte con rescoldo de eucaliptos, así se ahumaban los pasodobles y los tangos al pasar por la brasa de la romería. Esta música fue la más querida para Alina y nunca ya la olvidó. Y, sin saber por qué, cuando pasó el tiempo la asoció, sobre todo, a la mirada que tenía un cordero que rifaron cuando ya 25 era de noche. Ella y su padre habían cogido papeletas para la rifa, y estaban alrededor esperando a que se sortease. El animal se escapó, balando entre la gente, y no lo podían coger con el barullo. Cuando por fin lo rescataron, se frotaba contra las

---

3 **amoratado** → morado – 3 **rociar** extender gotas de un líquido – 14 **aflojarse** soltarse un poco, abrirse – 16 **una charanga** grupo musical con instrumentos de viento y percusión – 18 **conmovedor** emotivo, enternecedor – 20 **asar** cocinar – 20 **un rescoldo** *brasa* (Glut) menuda, resto de un fuego – 20 **ahumar** llenar de humo – 21 **un pasodoble** música y baile popular característico *p ej* de las corridas de toros – 21 **la brasa** madera o carbón encendido – 23 **asociar** relacionar – 24 **rifar** verlosen – 25 **una papeleta** papel con un número en una tómbola – 26 **una rifa** tómbola (→ rifar) – 26 **sortearse** uc rifarse – 27 **balar** sonido producido por las ovejas – 28 **barullo** *coloq* confusión, desorden por haber mucha gente – 28 **rescatar** salvar, liberar – 28 **frotarse** rozar contra uc

piernas de todos y los miraba con ojos tristísimos de persona. A Alina toda la música de la fiesta se le tiñó de la mirada de aquel cordero, que le pareció lo más vivo e importante de la fiesta, y que en mucho tiempo no pudo olvidar tampoco.

En los primeros días de soledad e inadaptación que pasó al llegar a Santiago, todos estos particulares de la aldea recién abandonada los puso en poemas que luego entusiasmaron a Philippe. Él, que venía a encontrar colores nuevos en el paisaje de España y a indignarse con todo lo que llamaba sus salvajismos, se sintió atraído desde el principio por aquella muchacha, salvaje también, casi una niña, que poco a poco le fue abriendo la puerta de sus recuerdos. Una muchacha que nunca había viajado, a la que no había besado ningún chico, que solamente había leído unos cuantos libros absurdos; romántica, ignorante, y a la que sin embargo no se cansaba uno de escuchar.

—Pero es terrible eso que me cuentas de tu padre.

—¿Terrible por qué?

—Porque tu padre está enamorado de ti. Tal vez sin darse cuenta, pero es evidente. Un complejo de Edipo.

—¿Cómo?

—De Edipo.

—No sé, no entiendo. Pero dices disparates.

—Te quiere guardar para él. ¿No te das cuenta? Es monstruoso. Hay cosas que sólo pasan en España.

Ese sentido de posesión, de dependencia. Te tienes que soltar de tus padres, por Dios.

Philippe se había ido de su casa desde muy pequeño. No tenía respeto ninguno por la institución familiar. Desde el primer momento comprendió Alina que con sus padres no podría entenderse, y por eso tardó mucho en hablarles de él,

---

2 **teñir** *fig* cambiar de color uc – 9 **indignarse** enfadarse (empören) – 20 **El complejo de Edipo** según el psicoanálisis es una fase en los niños en la que sienten rivalidad hacia su padre y atracción por su madre – 23 **un disparate** tontería – 26 **la dependencia** necesidad extrema de uc

cuando ya no tuvo más remedio porque iba a nacer el pequeño Santiago.

Pero, aunque esto solamente ocurrió a finales de curso, ya en las primeras vacaciones de Navidad, cuando Alina fue a la aldea, después de demorarse con miles de pretextos, comprendió Benjamín que existía otra persona que no era él; que Alina había encontrado su verdadera atadura. Y tanto miedo tenía de que fuera verdad, que ni siquiera a la mujer le dijo nada durante todo el curso, ni a nadie; hasta que supieron aquello, de repente, lo del embarazo de la chica, y se hizo deprisa la boda.

Así que Adelaida no llegó a dar ni siquiera los exámenes de primero. Aquellos cursos que no llegaron a correr, toda la carrera de Alina, se quedó encerrada en los proyectos que hizo su padre la última vez que habló con ella de estas cosas, cuando fue a acompañarla en octubre a la Universidad. Hicieron el viaje en tren, una mañana de lluvia. Alina estaba muy nerviosa y no podía soportar las continuas recomendaciones con que la atosigaba, queriendo cubrirle todos los posibles riesgos, intentando hacer memoria para que en sus consejos no quedase ningún cabo por atar. En los silencios miraban los dos el paisaje por la ventanilla pensando en cosas diferentes.

Benjamín no había ido nunca a Santiago, pero tenía un amigo íntimo, en cuya pensión se quedó Alina.

—Dale toda la libertad que a los otros, Ramón, pero entérate un poco de la gente con quien anda y me escribes.

—Bueno, hombre, bueno —se echó a reír el amigo—. Tengo buena gana. La chica es lista, no hay más que verla. Déjala en paz. Se velará ella sola.

Y a Benjamín le empezó a entrar una congoja que no le dejaba coger el tren para volverse.

—Pero, papá, mamá te está esperando.

---

1 **no tener más remedio** *loc* tener necesidad de hacer o sufrir uc – 5 **demorarse** retrasarse, tardar – 19 **atosigar** agobiar, presionar – 20 **no quedar ningún cabo por atar** *loc* estar todo hecho – 29 **velarse** cuidarse – 30 **una congoja** pena, tristeza

—¿Es que te molesto, hija?

—No. Pero estás gastando dinero. Y yo ya estoy bien aquí. Ya voy a las clases. Ni siquiera puedo estar contigo.

Se demoró casi una semana. El día que se iba a marchar, dieron un paseo por la Herradura antes de que Alina le acompañase al tren. Aquellos días habían hablado tanto de las mismas cosas, que ya no tenían nada que decirse. Por primera vez en su vida, Alina vio a su padre desplazado, inservible, mucho más de lo que había visto nunca al abuelo Santiago. Luchaba contra aquel sentimiento de alivio que le producía el pensamiento de que se iba a separar de él. En la estación se echó a llorar, sin asomo ya de entereza, se derrumbó sollozando en brazos de la hija que no era capaz de levantarle, que le tuvo que empujar para que cogiera el tren casi en marcha.

—Pero no te pongas así, papá. Si vuelvo en Navidades. Y además os voy a escribir. Son dos meses, total, hasta las Navidades.

Alrededor de quince días después de esta despedida, Alina conoció a Philippe.

Ha empezado a llover sobre el río. Menudos alfilerazos sobre el agua gris. Alina se levanta. Tiene las piernas un poco entumecidas, y muchas ganas de tomarse un café. Y también muchas ganas de ver a Philippe. Ahora hace frío.

Camino de casa, compra una tarjeta, y en el bar donde entra a tomar el café pide prestado un bolígrafo y, contra el mostrador, escribe:

Queridos padres: os echo mucho de menos. Estamos contentos porque nos han hablado, hoy, de un apartamento más grande y seguramente lo podremos coger para la primavera. Santiago está mejor y ya no tose. Philippe ha

---

5 **Paseo de la Herradura** parte del parque de la Alameda, lugar popular de Santiago de Compostela – 12 **sin asomo de uc** sin huella o muestra de uc – 12 **la entereza** firmeza en el ánimo (→ entero) – 12 **derrumbar** *fig* caerse *aquí:* perder el control – 12 **sollozar** llorar (→ sollozo) – 14 **en marcha** en movimiento – 20 **un alfilerazo** *aquí:* efecto de gotas de lluvia al chocar con el agua – 22 **entumecido** con dificultad para moverse – 25 **prestado** que se puede usar por un tiempo

empezado a trabajar mucho para la exposición que va a hacer. Casi no hablamos cuando estuvisteis aquí, siempre con el impedimento de los niños y del quehacer de la casa. Por eso no os pude decir cuánto quiero a Philippe, y a lo mejor no lo supisteis ver en esos días. Os lo explico mejor por carta. Ya os escribiré largo.

Estoy alegre. He salido a buscar el pan y se está levantando la mañana. Pienso en lo maravilloso que será para los niños ir a San Lorenzo y ver las casas de Orense desde Ervedelo. Iremos alguna vez. Pronto. Os abraza. Alina.

Le corre una lágrima, pero se aparta para que no caiga encima de lo escrito. Levanta los ojos y va a pagar al camarero, que la está mirando con simpatía.

—Ça ne vaut pas la peine de pleurer, ma petite —le dice al darle el cambio.

Y ella sonríe. Le parece que es un mensaje de Eloy, su amigo, desde un bar de Buenos Aires.

Benjamín se despertó con la cara mojada de lluvia y miró alrededor, aturdido. De pie, a su lado, estaba Herminia, con un gran paraguas abierto.

—Vamos a casa, anda —le dijo—. Sabía que te iba a encontrar aquí.

Benjamín se frotó los ojos. Se incorporó. Le dolía la espalda de dormir sobre la piedra.

—¿Qué hora es? —preguntó.

—Las tres de la tarde. Tienes la comida allí preparada y la cama hecha, por si quieres descansar. He aireado bien el cuarto.

—No, no. Debo haber dormido aquí bastante, era por la mañana cuando me dormí. Y hacía sol.

---

3 **un impedimento** obstáculo, barrera, dificultad – 11 **apartarse** quitarse, ponerse a un lado – 14 **Ça ne vaut pas la peine de pleurer, ma petite** *fr* no merece la pena llorar, mi pequeña – 19 **aturdido** confuso – 27 **airear** abrir ventanas y puertas para que entre el aire

Miró abajo, cuando se levantaba. Ahora estaba gris Orense, gris el río. La lluvia era mansa y menuda.

—Vamos.

Bajaron del monte despacio.

—Mira que haberte quedado dormido en la peña —dijo ella—. Para haberte caído rodando. Estás loco.

—Anda, anda, ten cuidado donde pisas y deja los sermones. Siempre te tengo que encontrar detrás de mí.

No volvieron a hablar, atentos a no resbalar en la bajada. Al llegar al camino llovía más fuerte, y se juntaron los dos dentro del paraguas.

—A ver si no he hecho bien en venir. Para que luego empieces con los reumas como el otro invierno. Si no hubiera visto que se nublaba, no hubiera venido, no. Al fin, ya sé dónde te voy a encontrar cuando te pierdas.

—Bueno, ya basta. Has venido. Está bien, mujer.

Pasaron por el sitio donde Benjamín se había encontrado al cura. Dejaron atrás el prado donde se había quedado muerto el abuelo.

—Qué manía me está entrando con dormir por el día, Herminia. ¿Por qué será? Me parece que duermo más amparado si hay luz y se oyen ruidos. Tanto como me metía con tu padre, y me estoy volviendo como él.

—Qué va, hombre. Qué te vas a estar volviendo como él.

—Te lo digo de verdad que sí. Estoy viejo. Antes me he encontrado con don Félix y casi he estado amable. Me daba pena de él. Me parecía tan bueno.

—Siempre ha sido bueno.

—¡Pero no entiendes nada, rayo, qué tiene que ver que siempre haya sido bueno! A mí antes me ponía nervioso, lo sabes, no le podía ni ver. Y ahora casi me dan ganas de ir a misa el domingo. Tengo miedo a morirme. Como tu padre.

---

6 **rodar** caer dando vueltas – 7 **un sermón** riña – 9 **resbalar** deslizarse (abrutschen) – 22 **amparado** cuidado, protegido

Cuando llegaron al sendero que llevaba a la parte trasera de la casa, por donde había venido, Benjamín se quiso desviar y tomarlo de nuevo.

—No, hombre —se opuso la mujer—. Vamos por la carretera. Debajo de los castaños nos mojamos menos. ¿No ves que está arreciando? Estamos a un paso.

—No sé qué te diga, es que…

—Es que, ¿qué?

—Nada, que a lo mejor nos encontramos a alguien, y nos preguntan del viaje, y eso.

—¿Y qué pasa con que nos pregunten? Si nos preguntan, pues contestamos. No sé qué es lo que tenemos que esconder. ¿Que si está bien la hija? Que sí. ¿Que si son guapos los nietos? Que sí. ¿Que si se lleva bien con el yerno…?

—Bueno, venga —cortó el maestro—. Cállate ya. Vamos por donde quieras y en paz.

Del muro que terminaba, a la entrada de la carretera, salió volando un saltamontes y les pasó rozando por delante.

—Buenas noticias —dijo Herminia—. A lo mejor nos mandan a los niños este verano. ¿Tú qué dices?

—Nada, que yo qué sé. Cualquiera sabe lo que pasará de aquí al verano. Nos podemos haber muerto todos. O por lo menos tú y yo.

—¿Tú y yo, los dos juntos? ¿Nada menos? Pues sí que das unos ánimos. Muérete tú, si quieres, que yo no tengo gana de morir todavía.

Sacaba Herminia una voz valiente y tranquila que el maestro le conocía muy bien.

—Desde luego, Herminia —dijo; y estaba muy serio—, no me querría morir después que tú. Sería terrible. De verdad. Lo he pensado siempre.

---

1 **un sendero** camino – 2 **desviarse** ir por otro camino – 4 **oponerse** estar en contra – 5 **mojarse** estar cubierto de agua – 6 **arreciar** llover muy fuerte – 6 **a un paso** *loc* cerca – 14 **un yerno** marido de una hija

—Pero, bueno, será lo que Dios quiera. Y además, cállate ya. Qué manía te ha entrado con lo de morirse o no morirse.

—Es que sería terrible. Terrible.

Sonaba la lluvia sobre los castaños de Indias que les cubrían como un techo. Ya llegando a la casa, el maestro dijo:

—No me voy a acostar. No dejes que me acueste hasta la noche. A ver si cojo el sueño por las noches otra vez. Me estoy volviendo como tu padre, y ahora que va a venir el invierno, me da mucho miedo. No quiero, Herminia, no quiero. No me dejes tú. Al verano le tengo menos miedo, pero el invierno…

—Tendremos que empezar a hacer el gallinero —dijo ella.

11 **un gallinero** lugar donde se tienen gallinas

Carmen Martín Gaite

La autora y su obra
Carmen Martín Gaite

(Salamanca, 1925 - Madrid, 2000)

Se licencia en Filosofía y Letras en la Universidad de Salamanca, donde tiene su primer contacto con el teatro participando como actriz en varias obras. En 1950 se traslada a Madrid y conoce a Ignacio Aldecoa, que le introduce en el círculo literario que acabaría conociéndose como Generación del 55 o Generación de la Posguerra.

En 1955 publica su primera obra, *El balneario*, y obtiene por ella el Premio Café Gijón. Dos años más tarde, recibe el Premio Nadal por *Entre visillos*.

Tras escribir varias obras de teatro como *A palo seco* (1957) o *La hermana pequeña* (1959), continúa con la narrativa con *Las ataduras* (1960), *Ritmo lento* (1963) y *Retahílas* (1974), entre otras novelas. Se doctora en 1972 presentando en la Universidad de Madrid su tesis *Usos amorosos del XVIII en España*. En 1976 recopila su poesía en *A rachas* y dos años después hace lo propio con sus relatos en *Cuentos completos*.

Paralelamente ejerce como periodista en diarios y revistas como Diario16, Cuadernos Hispanoamericanos, Revista de Occidente, El País, El Independiente y ABC, en los que se dedica a la crítica literaria y a la traducción.

Con *El cuarto de atrás* obtiene en 1978 el Premio Nacional de Literatura, convirtiéndose así en la primera mujer en obtenerlo. Le siguen una larga lista de prestigiosos galardones: el Príncipe de Asturias en 1988, el Premio Nacional de las Letras en 1994, la Medalla de Oro del Círculo de Bellas Artes en 1997 y la Pluma de Plata del Círculo de la Escritura en 1999, entre otros.

Colabora en guiones de series para Televisión Española *Santa Teresa de Jesús* (1982) y *Celia* (1989).

La Agrupación Cultural Carmen Martín Gaite, de Madrid, trabaja desde 2001 en la organización y celebración anual del

Certamen de Narrativa Corta para escritores de habla hispana, en el aniversario del fallecimiento de Carmen Martín Gaite (23.07.2000).

Abreviaturas y símbolos

adj	=	Adjektiv, adjetivo
adv	=	adverbio
aquí	=	señala un significado específico de la palabra en el contexto
coloq	=	lenguaje coloquial
despect	=	despectivo
dim	=	diminutivo
Esp	=	peninsularismo, término o expresión del español de la Península Ibérica
etc	=	etcétera
etw	=	etwas
f	=	femenino
fam	=	lenguaje familiar
fig	=	lenguaje figurativo
fr	=	galicismo, palabra de origen francés usada raramente en español
gall	=	gallego
GER	=	gerundio
INF	=	infinitivo
interj	=	interjección
irón	=	irónico
lit	=	literario
loc	=	locución, giro idiomático
m	=	masculino
p ej	=	por ejemplo
perífr	=	perífrasis
pl	=	plural
s	=	singular
SUST	=	sustantivo
uc	=	una cosa, algo
up	=	una persona, alguien
vulg	=	expresión vulgar
≠	=	contrario de
→	=	remite a una palabra ya conocida
↔	=	remite al antónimo de una palabra ya conocida